lonely planet

DE CERCA

LISBOA

Sandra Henriques

Sumario

Arriba: Santos (p. 130).
Abajo: Alfama (p. 67).

Puesta a punto 4

Explora Lisboa 33

Guía práctica 141

DESDE ARRIBA: KERRY MURRAY/LONELY PLANET ©, KERRY MURRAY/LONELY PLANET ©

★ Imprescindible

Merece la pena

El viaje empieza aquí

El atractivo de Lisboa, bañada por el Atlántico en el extremo occidental de Europa, no es ningún secreto. Miles de viajeros llegan cada año, a veces para consternacion de los lisboetas que aún no se han habituado al gentío. Y vienen para disfrutar de lo mejor de la ciudad: ocasos que transforman el Tajo en oro líquido, comida aderezada con hierbas y aceite de oliva, y calles adoquinadas que suben serpeando hasta los *miradouros* entre prietas manzanas de edificios azulejados. He conocido muchas Lisboas en los 30 años que llevo viviendo aquí; algunas se han perdido, y es una pena, pero la ciudad ha alcanzado al fin su rango de capital europea.

Sandra Henriques
@sandra.henriques.writer
Sandra es autora de guías de viaje y libros de terror. Nació en las islas Azores, donde vivió hasta su traslado a Lisboa en 1997.

Arco da Rua Augusta (p. 61).
KERRY MURRAY/LONELY PLANET ©

LO MEJOR

Vida nocturna

La noche de Lisboa ofrece un sinfín de posibilidades: tomar copas en bares de ambiente cultural con pausas para películas y sesiones de DJ, bailar en discotecas hasta el alba y aplaudir las actuaciones de artistas locales.

Asistir antes de la cena a un espectáculo de fados en sitios como el **Pavilhão Chinês.** (p. 45; foto)

Cantar en *playback* la música de la gramola en las fiestas del **Drama Bar.** (p. 81)

Divertirse hasta el alba y ver un magnífico espectáculo de *drags* en **Trumps,** el club nocturno LGTBIQ+ más famoso de Lisboa. (p. 50)

Hojear libros, asistir a un concierto e irse preparando para la noche con una sesión de DJ en el bar y centro cultural **Casa do Comum.** (p. 44)

Bailar al son de los DJ o de una actuación en directo, o reservar las energías para alternar hasta el amanecer en **Musicbox.** (p. 44)

Comprar entradas para el **Cinema Nimas** y ver películas clásicas en pantalla grande. (p. 122)

Dcha.: Alfama (p. 67).

919 739 919
SUPER BOCK

LO MEJOR

Museos

Para conocer el arte y la historia de Portugal hay que visitar museos que rastrean su pasado reciente, pequeños espacios expositivos dedicados a artistas portugueses, instituciones culturales con buenas colecciones e instalaciones sobre cuestiones delicadas.

Estudiar la instauración y caída de la dictadura Estado Novo y la vuelta a la democracia en el **Museu do Aljube.** (p. 74)

Recorrer las cuatro plantas del **Museu Nacional de Arte Antiga,** admirando obras maestras de los ss. XV a XIX. (p. 128; foto)

Descubrir piezas de diseño en las ocho plantas del **MUDE,** donde el propio edificio es una obra destacada. (p. 59)

Sumergirse en la obra de artistas como los que dan nombre a la **Fundação Arpad Szenes-Vieira da Silva,** un museo en una antigua sedería. (p. 120)

Admirar la colección de arte contemporáneo más amplia de Portugal en el **Centro de Arte Moderna.** (p. 114)

Ver qué temas actuales abordan los artistas en las instalaciones y exposiciones temporales de **MAAT Gallery.** (p. 93; foto)

BRESTER IRINA/SHUTTERSTOCK ©

Maat Central (p. 93).

LO MEJOR

Patrimonio industrial

Con fábricas convertidas en museos y centros comerciales, el pilar de un puente transformado en mirador, hierro oxidado y resplandecientes azulejos, el acervo industrial de Lisboa demuestra su espíritu creativo.

Visitar a fondo el Ponte 25 de Abril y ver el panorama desde su séptimo pilar en **Experiência Pilar 7.** (p. 136)

Ver y comprar arte callejero en **LX Factory,** un foco de creatividad en una antigua fábrica textil. (p. 136)

Ver las barriadas construidas a principios del s. XX para familias de obreros inmigrantes en **Vila Berta,** en Graça. (p. 77)

Ir al **MAAT Central** para ver obras de arte contemporáneo y exposiciones que explican cómo esta antigua central eléctrica daba energía a Lisboa. (p. 93)

Atajar del Chiado a la Baixa en el ascensor más famoso de Lisboa, el **Elevador de Santa Justa,** construido con hierro forjado en estilo *art nouveau* a principios del s. XX. (p. 63)

LO MEJOR

Comida y bebida

Hasta el pescado más sencillo asado a la brasa y regado con aceite de oliva sabe a gloria y anima a chefs con estrellas Michelin a versionar recetas tradicionales. Hay que disfrutar de la cocina portuguesa clásica y moderna, sin saltarse nunca el postre.

Brindar por la ciudad con *ginjinha* (licor de guindas) en **Ginjinha Sem Rival,** un popular bar de Baixa. (p. 61)

Endulzar el día con pastelillos de crema en **Pastéis de Belém.** (p. 93)

Unirse a los lisboetas cenando tostas de sardina con ensalada, patatas y pimientos asados en los **'santos populares'.** (p. 75)

Sentarse en una mesa corrida del **Mercado da Ribeira** y almorzar en un puesto gastronómico de un chef portugués. (p. 45)

Tomar café y un *bolo de arroz* (bizcocho) en la histórica **Confeitaria Nacional** admirando su decoración decimonónica. (p. 59)

Confeitaria Nacional (p. 59).

LO MEJOR

Arte moderno

Con galerías insólitas, arte callejero gratis, edificios de los mejores arquitectos contemporáneos y proyectos modernistas que dejaron huella, Lisboa ofrece arte para todos, de entendidos a transeúntes.

Admirar los paneles azulejados de la visionaria Maria Keil en estaciones de metro de las líneas azul y amarilla, como **São Sebastião.** (p. 118)

Bajar a **WC,** la galería de arte más original de Lisboa, para ver exposiciones de artistas, diseñadores e ilustradores contemporáneos. (p. 118)

Hacer un recorrido por ejemplos representativos de edificios modernos y arte urbano en el **Parque das Nações.** (p. 96)

Ver muestras del arte callejero más reciente en la gratuita **Galeria de Arte Urbana** mientras se sube en el Elevador da Glória. (p. 46; foto izda.)

Entrar en la **Igreja de Nossa Senhora do Rosário de Fátima** para ver obras maestras del modernismo portugués, vidrieras y mosaicos de Almada Negreiros. (p. 119; foto)

Dcha.: escultura de gato, Parque das Nações (p. 96).

LO MEJOR

Historia

Los romanos la llamaron Olisipo, los visigodos, Ulishbon, y los árabes, al-Ushbuna. Muchos estratos quedaron sepultados por el terremoto de 1755. Algunos siguen en pie para contar la historia de la ciudad.

Ver los restos de un antiguo teatro romano en el **Museu do Teatro Romano.** (p. 74; foto)

Caminar por la nave del **Convento do Carmo;** esta construcción gótica sin techo es uno de los pocos edificios que sobrevivieron al terremoto de 1755. (p. 38)

Entrar en la **Sé de Lisboa,** la primera iglesia católica de la ciudad, erigida en el s. XII sobre una antigua mezquita. (p. 74)

Admirar cada detalle del **Mosteiro dos Jerónimos,** cima del estilo manuelino. (p. 86)

Honrar a las personalidades enterradas en el **Panteão Nacional,** una iglesia envuelta en escándalos políticos cuya construcción duró cuatro siglos. (p. 78; foto)

Apuntarse a un circuito gratuito por el **Núcleo Arqueológico da Rua dos Correeiros** y descubrir dos milenios de historia debajo de un banco. (p. 55)

Dcha.: Convento do Carmo (p. 38).

LO MEJOR

Actividades al aire libre

El sol brilla casi todo el año y los lisboetas lo aprovechan incluso en invierno. Parques urbanos con mesas de merendero, un jardín botánico donde descalzarse, paseos junto al río y jardines románticos: Lisboa lo tiene todo.

Con un libro y una manta, ir a la Fundação Calouste Gulbenkian para relajarse en el **Jardim Gulbenkian.** (p. 115; foto)

Huir del tráfico y sentir las hojas bajo los pies desnudos en el jardín sensorial del **Jardim Botânico de Lisboa.** (p. 121)

Pasear por el romántico **Jardim da Estrela,** del s. XIX, o sentarse en el café junto al lago. (p. 132)

Sentir la brisa y descubrir la ruta este del **Parque Ribeirinho do Oriente,** desde el Jardim do Neptuno en el Parque das Nações hasta Marvila. (p. 105)

Organizar un pícnic con los niños en la **Tapada das Necessidades,** un parque urbano poco conocido en Alcântara. (p. 135; foto)

En el anfiteatro del **Jardim Amália Rodrigues,** admirar las vistas de la Avenida da Liberdade. (p. 119)

Lo mejor para niños

Dejar que los críos peguen la nariz al cristal del tanque central del **Oceanário de Lisboa** (p. 99) donde nadan peces y otras criaturas marinas.

Llevar a los pequeños al **Centro de Ciência Viva** (p. 104) para que quemen energías mientras aprenden con actividades y experiencias adecuadas a su edad.

Sentir cómo tiembla la tierra bajo los pies en un ambiente controlado en **Quake** (p. 91), un buen sitio para los adolescentes, con muchas paradas para selfis.

Refugiarse de la lluvia o el calor en el pequeño **Museu da Marioneta** (p. 133) para ver los títeres creados por artistas portugueses y extranjeros.

Conocer la evolución del transporte público de Lisboa, montar en un tranvía histórico y ver una nave industrial llena de autobuses y tranvías antiguos en el **Museu da Carris** (p. 133).

Lo mejor gratis

Ver exposiciones artísticas y conciertos para un público reducido en **WC** (p. 118), un inopinado centro cultural en unos antiguos aseos del metro.

Buscar gangas, ropa *vintage*, artesanía y todo lo imaginable en la **Feira da Ladra** (p. 76), el mercadillo callejero más antiguo de Lisboa, que se instala dos días por semana en Alfama.

Asistir a conciertos, actuaciones y talleres de artesanía para familias en los **Jardins do Bombarda** (p. 118), los rehabilitados jardines de un antiguo psiquiátrico, hoy al cuidado de la cooperativa Largo Residências.

Caminar entre ruinas romanas y restos de la muralla medieval lisboeta en la planta baja de la renacentista **Casa dos Bicos** (p. 78).

Pasear por Graça y ver barriadas y casas de pisos construidas a principios del s. XX para obreros inmigrantes, como **Vila Berta** (p. 77).

Tres días perfectos

Lo mejor es ver los puntos de interés por la mañana, recorrer la ciudad a pie por la tarde y, después, conocer su vida nocturna o asistir a alguna fiesta o espectáculo.

Castelo de São Jorge (p. 70).

PRIMER DÍA

Si solo se dispone de un día

MAÑANA

Se va al **Castelo de São Jorge** (p. 70), del s. XII, para contemplar las vistas de Lisboa y se baja al **Miradouro de Santa Luzia** (p. 75), pasando por las ruinas frente al **Museu do Teatro Romano** (p. 74).

TARDE

Cabe pasear por las estrechas calles adoquinadas del casco histórico para absorber la **energía de Alfama** (p. 67), haciendo un alto para almorzar a la portuguesa en el restaurante familiar **Sardinha** (p. 79).

NOCHE

Tras ver las ruinas romanas de la **Casa dos Bicos** (p. 78; foto), se toma el autobús n° 10B hasta **Largo da Graça** (p. 73). Se acaba el día con un concierto, una cerveza y *petiscos* (aperitivos) en **Damas** (p. 81).

SEGUNDO DÍA

Un fin de semana

MAÑANA

Se empieza tomando pastelillos de crema recién horneados en **Pastéis de Belém** (p. 93; foto). Se dedica la mañana al **Mosteiro dos Jerónimos** (p. 86) y la **Torre de Belém** (p. 85). Se visita la **MAAT Gallery** (p. 93) antes de ir al centro.

TARDE

Se toma el tren hasta Cais do Sodré para almorzar tarde en el **Mercado da Ribeira** (p. 45), que Time Out transformó en una zona de restauración *gourmet*. Se va a pie a la Praça do Comércio y se visita **Lisboa Story Centre** (p. 58) para conocer la historia de la ciudad.

NOCHE

Se cena en el **Palácio Chiado** (p. 48) y se sube al Bairro Alto para tomar copas y bailar en la **Casa do Comum** (p. 44).

TERCER DÍA

Una escapada

MAÑANA

Se da un paseo en el tranvía nº 25E desde la Praça da Figueira hasta Campo de Ourique (Prazeres). Se entra en el **Cemitério dos Prazeres** (p. 135) para contemplar las vistas y después se recorren las tiendas y calles del barrio.

TARDE

Se toma el tranvía nº 25E hasta Estrela para visitar la **Basílica da Estrela** (p. 132; foto). Se cruza la calle hasta el romántico **Jardim da Estrela** (p. 132) para almorzar en uno de sus quioscos.

NOCHE

Se camina 1 km o se toma el autobús nº 713 hasta Santos. Se remata el día con una tabla de embutidos y vino portugués en **Comida Independente** (p. 137).

Con más tiempo

Se va a la zona este para ver las maravillas submarinas del **Oceanário de Lisboa** (p. 99) y el Parque das Nações desde el teleférico **Telecabine Lisboa** (p. 105).

Se averigua la programación de los festivales del **Cinema São Jorge** (p. 122) y los ciclos mensuales del **Cinema Nimas** y la **Cinemateca Portuguesa** (p. 122). Se visita algún museo, como la **Fundação Arpad Szenes-Vieira da Silva** (p. 120) y el **Atelier-Museu Júlio Pomar** (p. 42), para descubrir la obra de notables artistas.

Se visitan centros religiosos poco conocidos, como el **Convento dos Cardaes** (p. 47), la **Igreja da Conceição Velha** (p. 60) y la **Capela de Santo Amaro** (p. 135), parando en el **Jardim Gulbenkian** (p. 115), la **Tapada das Necessidades** (p. 135) y el **Jardim Botânico de Lisboa** (p. 121).

Se baila hasta el alba en **Musicbox** (p. 44) o se opta por una velada más tranquila con una copa de vino portugués en **Entretanto Rooftop Bar** (p. 49).

Oceanário de Lisboa (p. 99).

GREG ELMS/LONELY PLANET ©

Una excursión

Se toma temprano un tren desde Restauradores y se pasa el día en **Sintra** (p. 138), visitando los dos palacios construidos en el estilo de Luigi Manini que fusiona lo gótico y lo renacentista: la **Quinta da Regaleira** (foto) y el **Palácio Biester.**

Se vuelve al centro para pasar por **Casa Piriquita** y probar un clásico *travesseiro,* pastel de hojaldre en forma de almohada, relleno de crema de almendra y yema, que nació en este café-pastelería.

Antes de regresar en tren a Lisboa, se toma el autobús nº 434 para visitar, sobre un macizo rocoso, el **Palácio Nacional da Pena** y el **Castelo dos Mouros.**

En un día de lluvia

Se podría pasar una mañana viendo arte contemporáneo en el **Centro de Arte Moderna** (p. 114), obras maestras del s. XVII en el **Museu Nacional de Arte Antiga** (p. 128; foto) o muestras del diseño portugués en el **Museu do Design** (p. 59).

El **Museu do Aljube** (p. 74) y **Lisboa Story Centre** (p. 58) son excelentes para ilustrarse sobre la historia lisboeta.

A los niños se les puede entretener con las actividades científicas del **Centro de Ciência Viva** (p. 104) y el **Museu Nacional de História Natural** (p. 122), y con las colecciones de títeres del **Museu da Marioneta** (p. 133). Los adolescentes podrían experimentar la simulación de un terremoto en **Quake** (p. 91).

Prepararse

ANTES DE PARTIR

Tres meses antes Comprar entradas para festivales de música y grandes conciertos. Reservar en restaurantes con estrellas Michelin.

Un mes antes Comprar entradas en línea para sitios muy visitados como el Palácio Nacional da Pena y el Mosteiro dos Jerónimos.

Una semana antes Reservar para *casas de fado* (restaurantes con fado en directo) y comprar entradas para festivales de cine independiente.

Costumbres

Lo normal es colocarse a la derecha en escaleras mecánicas y pasillos rodantes, caminar en fila india en las aceras estrechas y no pararse de pronto para fotografiar.

La mayoría de los portugueses entienden y hablan el español, pero siempre agradecen que se empiece una conversación con *olá* o *desculpe*. La pronunciación portuguesa (sobre todo las vocales) no es fácil para los hispanohablantes.

Sensibilidad cultural

Al salir a comer y beber, no se debe presumir de lo barato que sale todo: a algunos lisboetas les cuesta llegar a fin de mes porque sus salarios no alcanzan para hacer frente a la inflación y ya no pueden ir a los cafés y restaurantes que frecuentaban.

Lo que hay que saber

Café En los cafés, mucha gente pide una *bica* (café exprés), pero se puede pedir *um café* sin más; si apetece un exprés muy cargado, una *italiana;* si se quiere media taza, un *curto*, y si se prefiere llena a rebosar, un *cheio*. Los cafés normales no sirven bebidas especiales a base de café salvo el capuchino, el *galão* (un cuarto de café y tres cuartos de leche), la *meia de leite* (mitad de leche y mitad de café en taza grande) y el *abatanado* (similar al americano).

Aceite de oliva No pasa nada por bañar el pescado con aceite de oliva, pero para ensaladas y patatas basta con un chorrito.

Carteristas Abundan en los tranvías históricos, sobre todo el n° 28E: cuanto más temprano sea y más pasajeros haya, más "trabajan".

PROPINAS

No son obligatorias, pero cuando se ha prestado un servicio excelente es costumbre dar algo de propina. En los restaurantes se dejan unas monedas sobre la mesa o se rechaza el cambio diciendo *'fica assim'*.

5-10 %	5-10 %	redon-deo	5 €
Restaurantes	**Cafés y bares**	**Taxis**	**Circuitos guiados**
Por un buen servicio	Por un buen servicio	Redondeo hasta el siguiente euro	Por un servicio excepcional

PRESUPUESTO DIARIO

Económico Menos de 60 €

- Cama en dormitorio de albergue: **desde 30 €**
- *Menu do dia:* **menos de 15 €**
- Tique para museos: **2-10 €**
- Billete transporte público 24 h: **6,80 €**

Medio Entre 60-150 €

- Habitación doble en hotel de 3 estrellas: **desde 100 €**
- *Brunch:* **desde 15 €**
- Circuito guiado a pie (grupos pequeños): **desde 40 €**
- Cena en *casa de fado:* **desde 50 €**

Alto Más de 150 €

- Habitación doble en hotel-*boutique:* **desde 200 €**
- Cena en restaurante con estrella(s) Michelin: **desde 190 €**
- Circuito guiado privado: **desde 150 €**

Moneda
Euro (€)

Idioma
Portugués

Hola local
Hora de Europa Occidental (GMT/UTC)

CONSEJO

Al usar Google Maps o *app* similares, ha de prestarse más atención a la altitud que a la distancia o la duración de los trayectos. A veces, el itinerario más corto puede incluir cuestas empinadas y escaleras.

Cuándo ir

En Lisboa luce el sol 300 días al año. Incluso en meses fríos con días más cortos, la benignidad del tiempo permite sentarse en la *esplanada* de un café.

La primavera fluctúa entre días lluviosos y otros lo bastante cálidos para un pícnic o tomar el sol. Con el verano llegan las vacaciones escolares y las jornadas de playa de la mañana a la noche. Los días se alargan y se pueden ver y hacer más cosas, aunque en Lisboa parezca haberse dado cita medio mundo.

En otoño, con la vuelta al colegio, la ciudad se congestiona y el tráfico es más caótico; los días de diario son los mejores para visitar unos museos medio vacíos. La Navidad (diciembre/enero) ocupa casi todo el invierno, llenando la ciudad de alegría y dulces de temporada.

Grandes eventos

Abril El 25 de abril, una muchedumbre multigeneracional baja por la Avenida da Liberdade desde Marquês de Pombal hasta el Rossio con claveles rojos para recordar la **revolución democrática de 1974.**

Junio La gente se reúne en *arraiais* (verbenas) todo el mes para celebrar los **'santos populares'.** La noche del 12 de junio es la más movida. El centro histórico congrega una gran multitud, pero la fiesta se extiende hasta el último rincón, y cada lisboeta sentencia cuál es el mejor *arraial.*

Mayo/junio Todos los caminos conducen al Parque Eduardo VII en la multitudinaria **Feira do Livro de Lisboa,** con presentaciones y firmas, música en directo, coloquios y empujones durante 1 h antes del cierre, cuando se aplican descuentos a muchos libros.

Clima

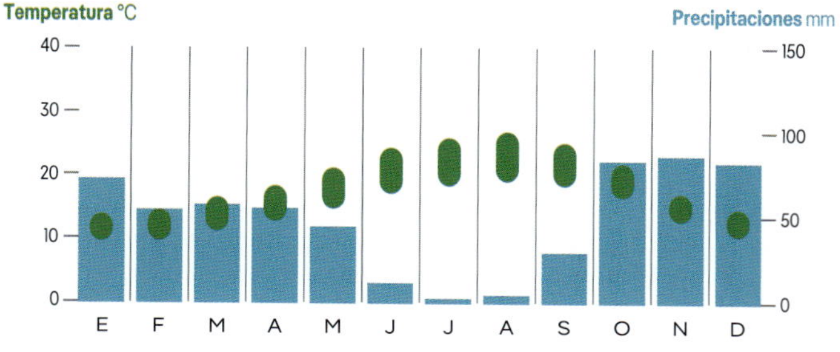

ECKHARD SUCHOWITZKY MEJIA/SHUTTERSTOCK ©

Celebración de 'santos populares', Graça (p. 75).

Junio/julio En años alternos, **Rock in Rio Lisboa** inicia la temporada de festivales de música convirtiendo el Parque Tejo en la Cidade do Rock durante dos fines de semana con actuaciones de artistas portugueses e internacionales y músicos consagrados.

Títeres, cine y música

Mayo/junio El **FIMFA** lleva espectáculos de marionetas nacionales e internacionales a varios escenarios, desde funciones para adultos hasta obras gratuitas para niños y familias.

Mayo **IndieLisboa** proyecta películas nuevas y clásicas, organiza talleres y charlas, y programa conciertos (IndieByNight) y sesiones infantiles (IndieJúnior).

Agosto Conciertos en varios espacios interiores y exteriores de la Fundação Calouste Gulbenkian durante el festival **Jazz em Agosto.**

Septiembre Las mejores películas de terror, tanto nuevas como clásicas o de culto, llenan las pantallas del Cinema São Jorge durante una semana en el **MOTELX.** Los profesionales compiten por el premio al Mejor Cortometraje Portugués de Terror.

CONSEJOS SOBRE ALOJAMIENTO

Los meses más caros son junio, julio y agosto. La mayor concentración de hoteles y pisos turísticos se da en Baixa y el casco histórico. Antes de reservar una ganga, conviene comprobar si el alojamiento tiene fácil acceso y si hay que cargar con el equipaje por calles empinadas o escalinatas.

Cómo llegar

La mayoría de los visitantes aterriza en el Aeroporto Humberto Delgado (LIS) de Lisboa; también se puede llegar en autobús de larga distancia, crucero o tren internacional.

Del aeropuerto al centro de la ciudad

VTC o taxi

Desde el aeropuerto, lo más práctico es pedir un VTC (Uber o Bolt). El punto de recogida es el aparcamiento Kiss & Fly, fuera de la terminal de salidas. Todos los vehículos deben llevar una pegatina TVDE en el extremo superior derecho del parabrisas y otra en el cristal trasero.

Los taxis son otro modo de llegar a la ciudad. Se paga en efectivo: de 15 a 20 € (equipaje incl.) por un trayecto de 30 min aprox. hasta el centro.

Metro

La línea roja es lo más barato para ir al centro; el viaje dura unos 20 min hasta São Sebastião. Con solo cuatro líneas, orientarse por el metro lisboeta resulta sencillo.

Para evitar largas colas en las taquillas y máquinas expendedoras de billetes, basta con pasar una tarjeta de crédito o débito *contactless* por el torno de validación. Un billete sencillo cuesta 1,80 €.

Autobús

El servicio Aerobus se suspendió en el 2020, pero en el aeropuerto se puede tomar aún el autobús nº 744, que lleva hasta Restauradores. El viaje cuesta 2,10 € y puede durar hasta 1 h. El espacio para equipaje en los autobuses es limitado.

Otros puntos de entrada

Terminal de Cruzeiros de Lisboa

Casi todos los ferris atracan cerca de Alfama. Varias líneas de autobús pasan por la terminal, desde donde se puede ir andando a dos estaciones de metro de la línea azul (Terreiro do Paço y Santa Apolónia).

Sete Rios

Por esta estación ferroviaria internacional pasa la línea azul del metro (Jardim Zoológico), y el tren urbano que va a Entrecampos (línea amarilla) y Roma-Areeiro (línea verde).

Cómo desplazarse

Lisboa cuenta con una eficaz red de transporte público que integra metro, autobuses, tranvías y funiculares. Los trenes urbanos Comboios de Portugal (CP) permiten sortear el tráfico y llegar a zonas apartadas como Oriente y Belém. Para Trafaria, en la orilla sur, lo más rápido es el ferri. Para cruzar la ciudad o después de la 1.00, es mejor un VTC.

Metro

El metro de Lisboa es el transporte más rápido y barato. La línea azul cubre Baixa, la amarilla va hasta más allá de Marquês de Pombal, y la verde conecta Cais do Sodré con Campo Grande tras varias paradas en Mouraria. La línea roja converge con las otras dos y es la más práctica para ir al Parque das Nações y el aeropuerto. Los horarios del metro (6.30-1.00) limitan los desplazamientos nocturnos. Se prevé abrir nuevas estaciones en Santos (2025) y Alcântara (2026).

Tren

En hora punta, un tren urbano CP de Cais do Sodré a Belém (línea Cascais) y de Santa Apolónia a Oriente (línea Azambuja) permite sortear el tráfico y es más práctico que autobuses y tranvías.

VTC

Pasada la 1.00, con pocos servicios en el transporte público, el mejor modo de desplazarse son los VTC, que sirven también para cubrir distancias más largas dentro de la ciudad hasta zonas adonde no llega el metro ni el tren.

DESDE IZDA.: CHRISDORNEY/SHUTTERSTOCK ©, FOTOKON/SHUTTERSTOCK ©

'APP' ESENCIAL

La *app* oficial de **Carris** *(carris.pt/en/travel/useful-information/it-applications)* trae los horarios de autobuses y tranvías.

A pie

Es lo mejor para conocer la esencia de Lisboa, sobre todo en el centro, pero las cuestas y los adoquines dificultan los desplazamientos.

Tranvías y funiculares

Para muchos lisboetas, el tranvía es el único medio para ir al trabajo y volver, y esto incluye líneas muy turísticas como 28E y 15E, que no deben tomarse en hora punta salvo en caso de apuro. Para subir las cuestas y acortar distancias, lo más práctico son los funiculares: Bica (de Cais do Sodré a Chiado), Glória (de Rossio a Bairro Alto) y Graça (de Mouraria a Graça); como muchos visitantes las toman por rutas turísticas, se forman largas colas todo el día.

'E-bikes'

En Lisboa, la instalación de carriles-bici es una moda que registra altibajos, según la corporación municipal. Las zonas ribereñas (de Santa Apolónia a Belém) y de la parte alta, desde Marquês de Pombal hasta Campo Grande, son las mejores para moverse en bici. Con la *app* **Gira** *(gira-bicicletasdelisboa.pt)* de bicicletas compartidas se puede montar hasta 45 min por 2 €.

Transporte público

Tarifas y billetes

Si se prevé usar varios tipos de transporte, se aconseja comprar la **tarjeta Navegante** (0,50 €) en las máquinas expendedoras y taquillas de las estaciones de metro y trenes, y cargarlas con crédito (Zapping). Sirve para viajar en autobuses, tranvías y funiculares (Carris); trenes urbanos (CP y Fertagus); el metro de Lisboa; y los ferris (Transtejo).

La Navegante solo es válida para un pasajero. Puede cargarse con un máximo de 40 € –crédito sobrante no reembolsable– y sale más barata que un billete sencillo. Calcúlese un gasto diario de 10 € para viajes de ida y vuelta en autobús y metro.

Metro

Si solo se va a tomar el metro, lo mejor es pasar una tarjeta *contactless* de débito o crédito por los tornos. Un viaje cuesta 1,80 €, y se puede comprobar la cantidad cargada al pasar la tarjeta.

Billetes para un día

Si se prevé viajar mucho durante un día en los autobuses de Carri y el metro, los billetes de prepago para un día (6,80 €) duran 24 h desde la primera validación y se cargan en una tarjeta Navegante (0,50 €), en las máquinas expendedoras y taquillas de las estaciones de metro y trenes.

Validación de billetes

El billete debe validarse en cada viaje y hay que conservar el recibo de compra por si la validadora no funciona.

Los pasajeros deben validar sus billetes al entrar y salir de los andenes del metro y casi todas las estaciones de trenes. En las del ferri, se validan al entrar en la zona de espera para embarcar. En los autobuses, los puntos de validación están cerca de la entrada, en la parte delantera del vehículo. En los tranvías más antiguos, los billetes se validan al subir por delante; los modernos, con más de una entrada, suelen tener una segunda máquina en medio.

PRECIOS

Billete tranvía al subir
3,10 €

Zapping autobús y metro
1,61 €

Tarifa mínima tren adultos
1,45 €

NORMAS EN EL TRANSPORTE PÚBLICO

Hay que hacer cola para autobuses, tranvías y funiculares y dejar que salga la gente antes de entrar.

BILLETES

Transporte	Billete	Zapping
Trenes urbanos	desde 1,45 €	2 € (todas las zonas)
Ferri a Trafaria	1,45 €	1,40 €
Funiculares (Bica, Glória, Lavra)	4,10 €	4,10 €
Autobús y metro	1,80 €	1,61 €

ZONAS FERROVIARIAS

1
Dentro de Lisboa y viajes entre Belém y Algés.

2/3
Desde Lisboa hasta las zonas periféricas de Oeiras, Cascais, Amadora y Loures.

4
Viajes de Cais do Sodré a Cascais, y de Rossio a Sintra.

Otra cara de Lisboa

Descubrir arte antiguo y nuevo en sitios impensables y restos dispersos de la historia de Lisboa ocultos a simple vista.

Arte subterráneo

Gracias a la pintora modernista Maria Keil, que en 1959 decoró las primeras estaciones de metro con paneles azulejados, hoy toda la red exhibe verdaderas obras de arte. Los motivos geométricos de Keil alegran el vestíbulo y los andenes de nueve estaciones de las líneas azul y amarilla. El diseño de la estación Olaias en la línea roja, una creación de notables artistas portugueses en 1998, es quizá el más llamativo.

Lisboa antes del terremoto

El terremoto de 1755 sepultó casi toda Lisboa bajo escombros, y los edificios nuevos de la reconstrucción cubrieron los antiguos. Con el tiempo, cada reforma en un edificio o modificación del trazado urbano ha sacado a la luz vestigios históricos: una parte de Olisipo (nombre de la Lisboa romana) en Alfama y Baixa; restos de la primera muralla, la Cerca Velha (período posromano e invasiones precristianas) en Castelo y Alfama, cuando Lisboa era la ciudad musulmana de Al-Ushbuna; y secciones de la muralla del s. XIV, la Cerca Fernandina, en Mouraria y Chiado.

Códigos QR en aceras

Si se mira al suelo al pisar, se hallarán códigos QR que informan sobre la cultura portuguesa y hechos históricos de Lisboa. Hay que buscarlos en Mouraria, Castelo y Alfama (sobre la historia del fado); Bairro Alto y Chiado (los antecedentes de la revolución democrática del 25 de abril de 1974); y Baixa (la Lisboa romana).

FUERA DE RUTA

Bajar a **WC** (p. 118), unos aseos públicos reconvertidos, para ver exposiciones y asistir a conciertos.

Ir a **Drama Bar** (p. 81), un local LGTBIQ de Graça con fiestas temáticas, espectáculos de *drags* y sesiones de *playback*.

Aprender sobre el bacalao salado en el **Centro Interpretativo da História do Bacalhau** (p. 58).

Comprar entradas para los conciertos de **Real Fado** (p. 45) en escenarios insólitos de Príncipe Real.

NICHOLAS COURTNEY/SHUTTERSTOCK ©

Cerca Fernandina (p. 78).

AMNAT30/SHUTTERSTOCK ©

Fado en directo, Alfama (p. 77).

Explora Lisboa

Circuitos a pie

Merece la pena

Parque das Nações (p. 96).
MAURO RODRIGUES/SHUTTERSTOCK ©

Sugerencias de lugares para comer, beber y comprar en **p. 48**

Explora
Bairro Alto y Chiado

El Bairro Alto y Chiado comparten la misma colina en Lisboa, pero ahí acaban las coincidencias. El Bairro Alto es un damero medieval de calles estrechas con edificios tan pegados que los vecinos pueden espiarse por las ventanas; un tranquilo distrito residencial de día y un ruidoso destino de bares por la noche. Chiado se distingue por sus *boutiques* y tiendas de lujo, plazas *(largos)*, teatros históricos y *pastelarias* y cafés antiguos; reina el bullicio desde el desayuno hasta el anochecer y luego se relaja. La Praça Luís de Camões marca la linde entre ambos.

Cómo desplazarse

A pie
Es el mejor modo de conocer el Bairro Alto y Chiado, teniendo cuidado con los adoquines resbaladizos si llueve y con el tráfico en calles de aceras estrechas.

Funicular
Las cuestas para llegar a estos barrios se evitan tomando el funicular Glória desde Baixa o el Bica desde Cais do Sodré.

Metro
Las líneas azul y verde convergen en la estación Baixa-Chiado, donde el visitante se topa con el motivo de enfado más antiguo de los lisboetas: las escaleras mecánicas estropeadas en la salida a Largo do Chiado.

Funicular, Bairro Alto.

★

LO MEJOR

MIRADOR
Miradouro de São Pedro de Alcântara (p. 46)

ARTE CALLEJERO
Galeria de Arte Urbana (p. 46)

LUGAR HISTÓRICO
Convento do Carmo (p. 38)

ZONA ALTERNATIVA
El Triángulo (p. 42)

BAR
Casa do Comum (p. 44)

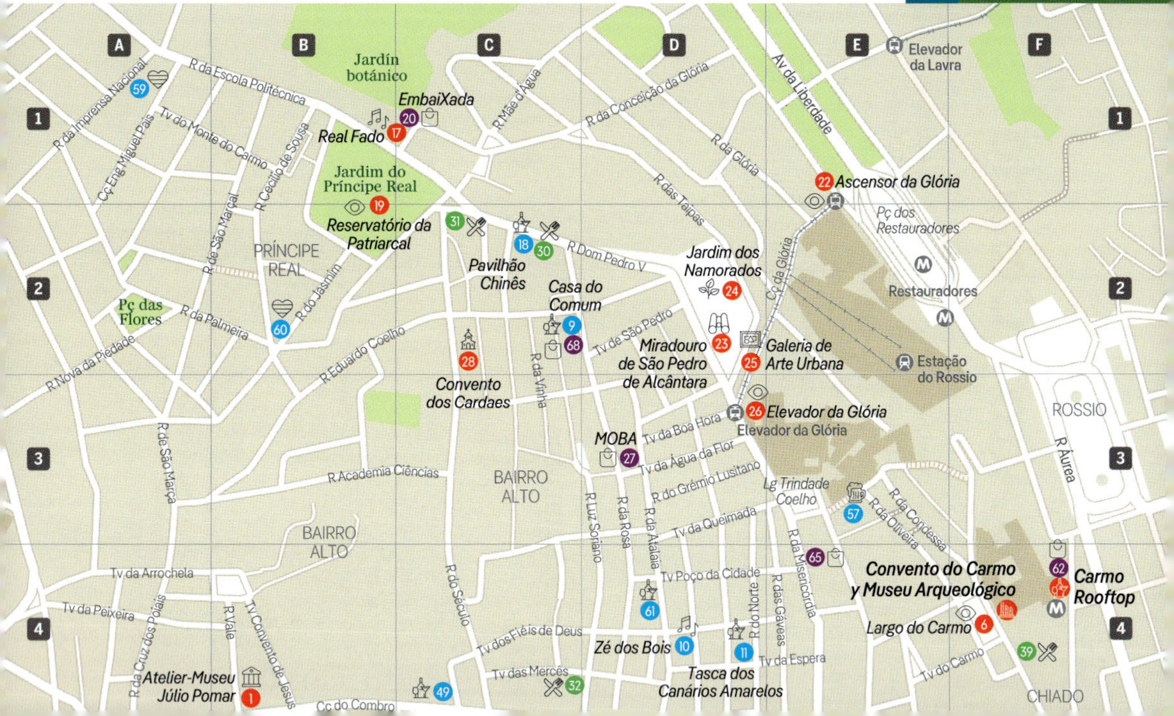
A
B
C
D
E
F
1
2
3
4
Jardín botánico
EmbaiXada
20
Real Fado
17
Jardim do Príncipe Real
19
Reservatório da Patriarcal
31
18
30
Pavilhão Chinês
Casa do Comum
9
68
28
Convento dos Cardaes
Jardim dos Namorados
24
23
Miradouro de São Pedro de Alcântara
Galeria de Arte Urbana
25
22
Ascensor da Glória
Pç dos Restauradores
Restauradores
Estação do Rossio
26
Elevador da Glória
Elevador da Glória
Elevador da Lavra
ROSSIO
R Áurea
MOBA
27
57
Lg Trindade Coelho
65
Convento do Carmo y Museu Arqueológico
62
Carmo Rooftop
Largo do Carmo
6
39
CHIADO
PRÍNCIPE REAL
60
59
Pç das Flores
BAIRRO ALTO
BAIRRO ALTO
61
10
Zé dos Bois
11
Tasca dos Canários Amarelos
32
49
Atelier-Museu Júlio Pomar
1
R da Escola Politécnica
R da Imprensa Nacional
Cç Eng Miguel Pais
Tv do Monte do Carmo
R Cecílio de Sousa
R de São Marçal
R do Jasmim
R da Palmeira
R Nova da Piedade
R Eduardo Coelho
R Mãe d'Água
R da Conceição da Glória
Av da Liberdade
R da Glória
R das Taipas
R Dom Pedro V
Cç da Glória
Tv de São Pedro
R da Vinha
R de São Marça
R Academia Ciências
R do Século
R Luz Soriano
R da Rosa
R da Atalaia
Tv da Boa Hora
Tv da Água da Flor
R do Grémio Lusitano
Tv da Queimada
R da Misericórdia
R da Oliveira
R da Condessa
Tv Poço da Cidade
R do Norte
R das Gáveas
Tv da Espera
Tv do Carmo
Tv dos Fiéis de Deus
Tv das Mercês
Cc do Combro
Tv da Arrochela
Tv da Peixeira
R da Cruz dos Poiais
R Vale
Tv Convento de Jesus

A
B
C
D
E
F
5
6
7
8
0
400 m
Río Tajo
Más información
Imprescindible p. 38
Experiencias p. 42
Comer p. 48
Beber p. 49
Comprar p. 51
Tokyo Lisboa
Discoteca Jamaica
Quiosque Ribeira das Naus
Cais do Sodré
R da Cintura do Porto de Lisboa
Av da Ribeira das Naus
Av 24 de Julho
Mercado da Ribeira
Pç Dom Luís I
R Bernardino Costa
Musicbox
R dos Remolares
R do Arsenal
R da Ribeira Nova
R Dom Luís I
R do Instituto Industrial
Tv Carvalho
CAIS DO SODRÉ
R Vitor Cordon
Pç do Município
Ascensor da Bica
R das Flores
R do Ataíde
C Marquês Abrantes
R da Boavista
Lg da Academia Nacional de Belas Artes
R Serpa Pinto
R dos Duques de Bragança
R António Maria Cardoso
R do Alecrim
R da Emenda
Lg do Barão de Quintela
R das Chagas
Tv do Cabral
Tv da Portuguesa
Tv da Laranjeira
Tv do Sequeiro
R da Horta Seca
R Marechal Saldanha
Tv de Santa Catarina
SANTA CATARINA
R Fernandes Tomás
Dear Breakfast
R Gaivotas
R do Poço dos Negros
Hello, Kristof
Forninho de São Roque
The Mill
Tv Alcaide
R de São Bento
R Ivens
R Capelo
Livraria Bertrand
Baixa-Chiado
Café A Brasileira
R do Loreto

★ IMPRESCINDIBLE

Convento do Carmo

Uno de los pocos edificios valiosos que sobrevivieron al terremoto de 1755 es la iglesia gótica del convento del Carmen, que sigue sin techo y con altos arcos de piedra que parecen arañar el cielo.

PLANO: P. 36 **F4**

CONSEJO
El Convento do Carmo es uno de los lugares más visitados del barrio; para admirar las ruinas con tranquilidad hay que venir a las 10.00, cuando abre.

Escanea este código QR para horarios e historia del museo.

En ruinas

Dicen que la iglesia del s. XIV del **Convento do Carmo** *(museuarqueologicodocarmo.pt; adultos/niños 7 €/gratis)* continúa en ruinas para recordar a los visitantes la devastación del terremoto de 1755. La historia queda bien en un folleto, pero no acaba ahí. Cuando Portugal disolvió los monasterios en 1834, se paró la restauración del convento. Era el momento ideal, porque en Portugal estaba surgiendo el romanticismo artístico, y las ruinas y los monumentos medievales encajaban en la estética del movimiento.

Caminar por la nave central bajo los arcos de una iglesia gótica sin techo es una experiencia única y, si las condiciones lo permiten, es a lo que los visitantes dedican casi todo el tiempo.

Museo arqueológico

El billete incluye la entrada al **Museu Arqueológico do Carmo,** detrás del convento, con una colección pequeña y heterogénea. La visita al museo suele durar 30 min aprox. y, como falta espacio, puede resultar incómoda cuando se llena.

Los techos medievales abovedados y las vidrieras guían la mirada hacia arriba antes de que se pose en los dispersos paneles de azulejos barrocos, las tumbas y fragmentos de columnas romanas. Las salas 1 y 2 (con restos de civilizaciones precolom-

CHRISDORNEY/SHUTTERSTOCK ©

binas), la 3 (donde está enterrado Nuno Álvares Pereira, el fundador del convento) y la 4 (con un sarcófago egipcio y objetos precolombinos) son las que concitan más atención.

La instalación de vídeo (portugués e inglés) que se ofrece en la antigua sacristía resume la historia; es posible saltársela o aprovechar la ocasión para sentarse en una de las secciones originarias del convento antes de seguir.

Actos culturales

Desde proyecciones de *video mapping* hasta obras de teatro y conciertos, se organizan diversos actos culturales al aire libre; la web trae la programación e informa sobre cómo comprar entradas. El espectáculo inmersivo en vídeo *Lisboa bajo las estrellas* ha sido de los más exitosos.

UNA PAUSA
Por detrás del convento, **Carmo Rooftop** *(carmorooftop.pt)* es un café-bar con una de las mejores vistas de Lisboa, ideal para beber o comer algo.

CIRCUITO A PIE

Bairro Alto

Paseando de día, las calles estrechas con edificios antiguos del Bairro Alto se ven tranquilas, con unas pocas tiendas y restaurantes abiertos, y casi desiertas: un ambiente muy distinto de la imagen nocturna como zona de bares de este barrio con 500 años de historia.

INICIO	FINAL	DURACIÓN
Jardim do Príncipe Real	Praça Luís de Camões	1,3 km; 1 h

1 Árbol antiguo

En el jardín más famoso del Bairro Alto, el **Jardim do Príncipe Real,** llama la atención el ciprés de 150 años que se alza en su centro con las ramas apoyadas en una estructura de hierro; es el árbol más antiguo de Lisboa.

2 Mirador romántico

Descendiendo por Rua Dom Pedro V entre restaurantes, tiendas y bares famosos, se llega al mirador más romántico de Lisboa: el **Miradouro de São Pedro de Alcântara,** con dos terrazas desde donde se contempla Baixa, las colinas circundantes y a los turistas que suben y bajan la empinada calle en el funicular Glória.

3 La plaza de los Loteros

Se continúa caminando hacia el sur (cuidado con el tráfico: la acera es estrecha) hasta una placita frente a la Igreja de São Roque. Largo Trindade Coelho es su nombre oficial, pero todo el mundo la conoce como **Largo do Cauteleiro** por la estatua que homenajea a los antiguos vendedores de lotería; aún se ven algunos por la calle, sobre todo en Navidad y Semana Santa.

4 Barrio de bares

Cruzando la calle se entra en el eje central de la vida nocturna en el Bairro Alto: Travessa da Queimada, famosa por el **Café Luso,** una popular *casa de fado* (restaurante típico donde cantan fadistas durante la cena). En esta callejuela alternan los bares y restaurantes nuevos con los ya consagrados.

5 Calle histórica

Se hace un breve desvío a la derecha por Rua da Atalaia. Hoy se llama Cheers Irish Pub Lisbon, pero en la década de 1980, no mucho después de la revolución, **Frágil** era uno de los pocos bares de la Lisboa posdictatorial donde todo el mundo se sentía libre, con independencia de su estatus, orientación sexual o afiliación política.

6 Arte callejero

Si se sigue hacia el sur por Rua da Atalaia y se gira a la izquierda por Travessa dos Fiéis de Deus, se verá el **mural** de António Alves y RIGO inspirado en la propaganda obrera posterior a la dictadura. La estrechez de la calle dificulta fotografiarlo completo.

7 'Nos vemos en Camões'

Se tuerce a la derecha por Rua da Barroca, a la izquierda por Rua das Salgadeiras y a la derecha por Rua do Norte. Al otro lado, la **Praça Luís de Camões** está a rebosar de turistas y guías. Incluso con GPS y planos, mucha gente se cita todavía en Camões antes de copear por el Bairro Alto.

EXPERIENCIAS

Admirar arte contemporáneo en el Atelier-Museu Júlio Pomar MUSEO

PLANO: 1 P. 36 **B4**

El **Atelier-Museu Júlio Pomar** *(ateliermuseujuliopomar.pt; adultos/niños 2 €/gratis)* ofrece una doble experiencia con el arte contemporáneo. Primero, porque brinda la oportunidad de entrar en un edificio rediseñado por el premiado arquitecto portugués Siza Vieira, que transformó unos antiguos almacenes del Bairro Alto en un espacio de dos plantas abierto y luminoso. Y segundo, porque expone las obras de Júlio Pomar, uno de los pintores portugueses más sobresalientes, que no paró de crear hasta su muerte en el 2018.

El edificio se concibió como el taller del artista (que vivía enfrente), pero la reforma duró más de lo previsto y, al final, se convirtió en un museo con corazón de taller. Pomar mostraba sus obras en un diálogo creativo con trabajos de artistas nuevos que él descubría y seleccionaba, y los conservadores del museo prosiguen su labor organizando exposiciones cada seis meses.

Explorar El Triángulo ZONA

Entre el Bairro Alto y Cais do Sodré se encaja un barrio extraoficial que los comerciantes denominaron "El Triángulo", tres calles (Poço dos Negros, Poiais de São Bento y São Bento) que forman un triángulo perfecto en el plano lisboeta.

Cuando la gentrificación afectó al centro histórico en el 2016, muchos negocios independientes se cobijaron en El Triángulo, bien acogidos por establecimientos que llevaban décadas en la zona. Aunque este sector de Lisboa no es inmune a la gentrificación, aún conserva su autenticidad, con cafeterías de especialidad y sitios con desayunos todo el día, como **The Mill** (PLANO: 2 P. 36 **B5**; *themill.pt*), **Hello, Kristof** (PLANO: 3 P. 36 **A5**; *hellokristof.com*) y **Dear Breakfast** (PLANO: 4 P. 36 **A5**; *dearbreakfast.com*), y *pastelarias* tradicionales; **Forninho de São Roque** (PLANO: 5 P. 36 **A5**; *panifsroque.pt*) es una de las preferidas por la autora. Las multitiendas quedan a pocos pasos de los comercios de comida y bebida para *gourmets* Mercearia Poço dos Negros y Companhia Portugueza do Chá (p. 51).

Un alto en Largo do Carmo PLAZA

PLANO: 6 P. 36 **F4**

Largo do Carmo es la plaza más pintoresca de Chiado, con jacarandás bordeando la *calçada portuguesa* (empedrado portugués), colas para el Convento do Carmo que rodean la fuente central del s. XVIII y, en la esquina, un quiosco abierto todo el año.

La mayoría de los portugueses asocian Carmo con las históricas fotos tomadas por Mário Varela

Gomes y Alfredo Cunha el 25 de abril de 1974, que mostraban a la gente subida a árboles y farolas y apiñada en los estrechos balcones, ansiosos por participar de aquella revolución pacífica. Cuando se difundió la noticia del final de una dictadura de cinco décadas, la gente acudió en masa a la placita, que se convirtió en símbolo de la democracia victoriosa.

Curiosear en Bertrand, la librería más antigua del mundo LIBROS

PLANO: 7 P. 36 **F5**

A primera vista, el edificio azulejado con una puerta de madera y grandes escaparates con libros es una tienda más de Rua Garrett en Chiado. Pero en la esquina se indica el año en que se fundó la **Livraria Bertrand** *(bertrand.pt):* 1732, lo que la convierte en la más antigua del mundo en funcionamiento, según el Libro Guinness de los Récords.

Los anaqueles de madera con *bestsellers* y mercadería literaria cubren las paredes de las siete salas, que ostentan los nombres de escritores portugueses, algunos de los cuales deambularon por esas mismas estancias hace casi 300 años. Los altos techos compensan el uso inevitable de la iluminación artificial por la escasez de ventanas.

El café en la trastienda denota que Bertrand ha sabido acompasarse a una época en que los libros ya no bastan para atraer clientes.

Tomar café con Pessoa en el Café A Brasileira CAFÉ

PLANO: 8 P. 36 **E5**

Obra de Lagoa Henriques, la estatua en bronce de Fernando Pessoa (1888-1935) frente al **Café A Brasileira** *(abrasileira.pt)* es una atracción turística que no se ha interpretado correctamente: el escultor plasmó al arisco poeta ahuyentando a la gente, no invitándola a sentarse.

Aquí nació el modernismo portugués alumbrado por Pessoa y otros tres artistas y clientes habituales. La popularidad de

EL INCENDIO DE 1988

En agosto de 1988, un voraz incendio arrasó unos grandes almacenes del Chiado para desesperación de los bomberos, que intentaban controlar las llamas sin la ayuda de los camiones, a los que las inamovibles jardineras de hormigón de Rua do Carmo impedían acercarse al lugar del siniestro. El fuego se extendió con rapidez y destruyó la mayoría de los edificios del barrio, construidos en el s. XVIII. El arquitecto portugués Siza Vieira se puso al frente del plan de rehabilitación que ha conseguido restaurar las fachadas de los Armazéns do Chiado y los edificios de Rua Garrett y Rua do Carmo.

A Brasileira trae aparejadas una *esplanada* (terraza) casi siempre abarrotada, actuaciones ruidosas fuera y una vorágine de turistas fotografiándose con la estatua. Pero es la fachada *art nouveau,* el interior *art déco* y las pinturas tras la barra lo que merece atención, y se puede disfrutar por el precio (caro) de un café exprés (2,50 €) en la barra o, con suerte, en una mesa.

De bar en bar por el Bairro Alto BAR

Apacible barrio residencial de día, el Bairro Alto se transforma en un destino abarrotado después de medianoche los fines de semana. Copa en mano, turistas y lisboetas llenan las estrechas calles hasta el cierre de los bares a las 2.00 y después ponen rumbo a las discotecas de Cais do Sodré.

El grueso de los bares del Bairro Alto son demasiado pequeños para acomodar a clientelas numerosas, y por eso la gente, al decidir dónde ir, tiene más en cuenta la carta y los precios que el ambiente. Al final, la mayoría termina en un periplo por los bares de una de las calles principales (Rua da Atalaia, Rua da Barroca, Rua da Rosa y Rua do Diário de Notícias).

Quienes prefieran quedarse en un solo sitio pueden ir a **Casa do Comum** (PLANO: 9 P. 36 **C2**; *casadocomum.org*), un centro cultural con bar, la librería Ler Devagar y un cine; a **Zé dos Bois** (PLANO: 10 P. 36 **D4**; *zedosbois.org*), que ofrece música en directo de artistas principiantes y consagrados; o a la tranquila y asequible **Tasca dos Canários Amarelos** (PLANO: 11 P. 36 **D4**; *facebook.com/TascaDosCanarios*).

Bailar en Cais do Sodré DISCOTECA

En los últimos años, los lisboetas han asistido al cierre de clubes nocturnos históricos de Cais do Sodré por la presión del sector inmobiliario para convertir los edificios antiguos que los alojaban en hoteles y casas de pisos.

Musicbox (PLANO: 12 P. 36 **E7**; *musicboxlisboa.com*) se ha mantenido como un puntal del mundillo

'SILENCIO, POR FAVOR'

En el 2024 se colocaron en zonas del Bairro Alto (Rua da Atalaia), Chiado (Rua do Loreto, Praça Luís de Camões) y Cais do Sodré (Largo de São Paulo) letreros con círculos azules que pedían silencio a la clientela de los bares. Aunque por ley los bares de estos barrios deben cerrar entre 23.00 y 2.00, muchos siguen sirviendo bebidas a puerta cerrada a los clientes que se agolpan fuera. El gentío fiestero y el alcohol barato no casan bien con los barrios residenciales, pero en Lisboa se combinan desde hace décadas. ¿Qué ha cambiado? Pues que la mayoría de los vecinos, algunos nuevos, ya están desesperados.

musical de Cais do Sodré casi dos décadas y ofrece un apretado calendario de conciertos y sesiones de DJ. Después de medianoche toca visitar las discotecas. **Tokyo Lisboa** (PLANO: 13 P. 36 **C8**; *instagram.com/tokyolisboa*) y la **Discoteca Jamaica** (PLANO: 14 P. 36 **D8**; *instagram.com/jamaica_lisboa*) han logrado seguir abiertas apartándose del centro de la vida nocturna y acercándose al Tajo, manteniendo una clientela fiel que disfruta bailando *rock indie* y clásico.

Comer platos elogiados en el Mercado da Ribeira MERCADO

PLANO: 15 P. 36 **D7**

En el 2014 hubo discrepancias en la opinión pública cuando el **Mercado da Ribeira** se dividió. El mercado de abastos se quedó en el ala este, y **Time Out Market** *(timeoutmarket.com),* una selecta zona de restauración, ocupó el ala oeste. La idea era novedosa, pero los lisboetas se temían que los hípsters y la gentrificación desvirtuaran lo antiguo y auténtico.

Aunque no todos los vecinos lo han aceptado una década después, Time Out Market es el único sitio de Lisboa donde puede probarse comida portuguesa de más de 20 restaurantes y chefs –seleccionados por periodistas de la revista– entre los que figuran clásicos como el **Café de São Bento** (el mejor *steak* de Lisboa) y **Pinóquio** (pescado y marisco), y Henrique Sá Pessoa y Susana Felicidade.

Solazarse junto al río en Cais do Sodré RIBERA

PLANO: 16 P. 36 **E8**

En las mañanas y tardes soleadas, los visitantes ocupan cada centímetro de las escaleras, bancos y muros entre la escultura de Almada Negreiros *Reminiscência* y Cais do Gás. La terraza de **Quiosque Ribeira das Naus** *(instagram.com/ribeiradasnausquiosque)* es quizá uno de los lugares más codiciados para relajarse, sobre todo si se consigue una tumbona.

Entre Cais das Pombas y la estación del ferri de Cais do Sodré, los tinglados portuarios reformados alojan cafés y restaurantes con terracitas.

Escuchar fado en sitios insólitos MÚSICA EN DIRECTO

Inscrito en la lista del Patrimonio Inmaterial Mundial desde el 2011, el melancólico fado es un género musical que solo puede sentirse, no explicarse. Los viajeros deseosos de vivir esa experiencia única acuden a las clásicas *casas de fado* o a *tascas* más informales (tabernas en que la cuenta de vino y picoteo incluye un recargo por la actuación).

Pero si solo interesa la música (bebidas opcionales), lo mejor es ir a **Real Fado** (PLANO: 17 P. 36 **C1**; *realfadoconcerts.com*). Los conciertos de 1 h *(19.00-20.00)* tienen lugar en inesperados escenarios de Príncipe Real: el **Pavilhão Chinês** (PLANO: 18 P. 36 **C2**) los jueves, el subterráneo **Reservatório da Patriarcal** (PLANO:

19 P. 36 B2) los viernes y sábados, y la tienda conceptual y galería comercial **EmbaiXada** (PLANO: 20 P. 36 C1; *embaixadalx.pt*) los domingos. El protocolo que rige es el mismo: cuando el fadista canta, el público guarda silencio.

Montar en funiculares históricos FUNICULAR

El **Ascensor da Bica** (PLANO: 21 P. 36 C6) y el **Ascensor da Glória** (PLANO: 22 P. 36 E1; *carris.pt; viaje ida y vuelta 4,10 €*) han ayudado a los lisboetas a eludir las empinadas cuestas desde Cais do Sodré hasta Chiado y desde Baixa hasta el Bairro Alto desde principios del s. XIX; pero hoy, con alternativas más modernas y rápidas, es raro ver lisboetas entre los turistas a quienes no les importa hacer cola para montar.

El viaje en el Bica es algo menos movido que en el Glória, pero ambos funiculares estremecen a los pasajeros por mucho afán que ponga el conductor en reducir el zarandeo. Por suerte, el viaje termina (normalmente con un chirrido metálico) en menos de 5 min, y al salir de la cabina ya puede uno sacarse la foto de rigor.

Relajarse en el Miradouro de São Pedro de Alcântara MIRADOR

Llamar mirador al **Miradouro de São Pedro de Alcântara** (PLANO: 23 P. 36 D2) no hace justicia a este jardín dieciochesco de dos niveles: más bien sería una terraza asomada a la ciudad. Sentándose en un banco cerca de la verja se puede admirar Lisboa todo el tiempo que se quiera, pero sabiendo que la tranquilidad no será total por la popularidad del sitio.

Aunque el paseo dure solo unos minutos, hay que ver el panel de azulejos de la Lisboa de 1952 y compararla con la actual. El **Jardim dos Namorados** (PLANO: 24 P. 36 D2), en la terraza inferior, no es tan visitado, pero por el día, el desvío merece la pena para imbuirse de su ambiente romántico de balcones y farolas de forja, bustos barrocos de dioses griegos y cuidadas extensiones de césped entre calzadas de adoquines.

Ver nuevo arte callejero en la Galeria de Arte Urbana ARTE PÚBLICO

Las paredes pintadas con aerosol de la **Galeria de Arte Urbana** (PLANO: 25 P. 36 D2; *gau.cm-lisboa.pt*) pasan fácilmente inadvertidas porque los turistas centran su atención en las chirriantes subidas y bajadas del **Elevador da Glória** (PLANO: 26 P. 36 D3). Quienes viajan en el funicular colina arriba contemplan los siete paneles por el lado este de la Calçada da Glória. Si se recorre el barrio a pie, para ver más de cerca estas obras de arte callejero hay que bajar desde la parada del funicular junto al Miradouro de São Pedro de Alcântara (con los adoquines resbaladizos cuando llueve). En el 2009, el Departamento de Cultura del Ayuntamiento de Lisboa concibió estas galerías callejeras para disuadir a los grafiteros de pintarrajear monumentos. Las paredes de Glória están a disposición libre y gratuita de los artistas callejeros.

Ver a los artesanos trabajando en el MOBA ARTESANÍA

PLANO: 27 P. 36 **D3**

El antiguo mercado de abastos del Bairro Alto acoge hoy el **MOBA** (Mercado de Ofícios do Bairro Alto), donde trabajan media docena de artesanos. Una vez franqueada la puerta corredera (si se atasca, hay que empujar sin miedo), a la derecha queda la **Latoaria Maciel** *(latoariamaciel.com)*, una empresa familiar que trabaja la hojalata desde el s. XIX –fabricó muchas de las antiguas farolas de Lisboa– y participó en la decoración de Vermelho, el hotel del diseñador de moda Christian Louboutin en Melides. Al lado se hallan la ceramista **Madre Deus** *(madredeusbs.com)* y la restauradora de muebles Rita Boavida. Entre semana, la puerta se abre de 9.00 a 18.00 para visitantes y posibles compradores.

Hacer un circuito por el Convento dos Cardaes CONVENTO

PLANO: 28 P. 36 **C2**

Escondido en la calle fronteriza entre el Bairro Alto y Príncipe Real, el **Convento dos Cardaes** *(conventodoscardaes.com; adultos/niños 7/3 €)* es fácil de pasar por alto, y muchos lo dejan atrás sin saber que esos muros ocultan uno de los pocos edificios que sobrevivieron al terremoto de 1755.

Voluntarios instruidos guían las visitas a este convento del s. XVII y enseñan su iglesia barroca (todo original salvo la cubierta, que se derrumbó) con azulejos holandeses, pavimentos de mármol y un impresionante retablo dorado en el altar mayor. En la sacristía y otras dependencias aguarda una rica colección de arte sacro con piezas raras y valiosas. Con una comunidad de monjas mucho más pequeña que cuando se fundó (1681), el Convento dos Cardaes continúa activo, y sus mermeladas artesanas han alcanzado fama. A la salida se puede comprar un tarro en la tienda.

SUGERENCIAS

Localizaciones en el plano de la **p. 36**

Lo mejor para...

€ Económico €€ Medio €€€ Alto

Comer

Fusión

Palácio Chiado €€

29 E5

Se respira arte en este remodelado palacio dieciochesco del Chiado, incluso en los platos donde se dan giros internacionales a los clásicos portugueses. *palacio chiado.pt; 12.30-16.00 y 19.00-24.00 do-mi, hasta 2.00 ju-sa*

Tapisco €€

30 C2

El chef Henrique Sá Pessoa fusiona la cocina española con la portuguesa en los platos para compartir en su restaurante, cuyo nombre combina la tapa con el *petisco. tapisco.pt; 12.00-16.00 y 18.30-24.00 lu-vi, 12.00-24.00 sa y do*

A Cevicheria €€

31 C2

El chef brasileño-portugués Kiko aplica su formación multicultural a sus creaciones. En este restaurante peruano de Príncipe Real, los cebiches presentan un toque portugués. *acevicheria.pt; 12.00-23.00*

Portuguesa

Adega do Tagarro €€

32 C4

Casi siempre ruidoso y lleno, es ideal para comer antes del copeo en el Bairro Alto. *instagram. com/adega_do_tagarro; 12.00-15.00 y 7.00-23.00 lu-sa*

Zapata €€

33 B5

Restaurante a la antigua que aún pega en la pared la carta escrita a mano. *12.00-23.00 mi-lu*

Tasca Zebras €€

34 C5

En un barrio dominado por *tascas* para turistas, Zebras es un alivio: un sitio pequeño cerca de Bica que sirve comida portuguesa sencilla. *tascazebras.com; 12.00-24.00 ju-ma*

Taberna da Rua das Flores €€

35 D5

Todo tiene sabor antiguo en esta pequeña *tasca* del Chiado, desde la carta en tablillas de pizarra hasta los platos portugueses. *instagram. com/tabernadasflores; 12.00-23.30 lu-sa, hasta 18.00 do*

Comida informal

Tricky's €€

36 B6

Platos modernos, también vegetarianos, maridados con cócteles y vinos portugueses e internacionales. *cometotrickys.com; 19.00-24.00 ma-sa*

Collect €€

37 D7

Perfecto para tomar una hamburguesa y un cóctel antes o después de curiosear en la tienda de discos del piso alto. *collect.pt; 12.00-1.00*

Sol e Pesca €

38 D7

Bar de tapas especializado en conservas de pescado, con gran variedad de marcas y tipos. *instagram.com/solepesca; 12.00-2.00*

Vegetarianos y veganos

Jardim das Cerejas €
39 F4
Pequeño restaurante cerca de Largo do Carmo con bufés veganos asequibles de almuerzo y cena, y menú infantil. *12.00-15.30 y 7.00-23.00 lu-sa*

Organi Chiado €€
40 F5
Vegano que usa ingredientes de proximidad. La carta cambia a diario e incluye bebidas sin azúcar ni lácteos. *organi.pt; 12.00-15.30 y 7.00-23.00*

Ao 26 €€
41 D5
Su carta vegana incluye versiones de platos lisboetas tradicionales y una buena selección de vinos veganos portugueses. *instagram.com/26veganfood project; 12.30-18.00 y 19.00-23.00*

A Colmeia €
42 D5
Los asequibles menús de este restaurante cerca de la Praça Luís de Camões constan de un plato principal, postre o bebida, y ensalada. Solo efectivo. *12.30-15.00 lu-sa*

Almuerzos buenos y asequibles

O Gaiteiro €
43 C6
Pequeño restaurante tradicional junto al Ascensor da Bica con carnes y pescados a la portuguesa en raciones generosas y asequibles. *12.00-16.00 ma-sa*

O Trevo €
44 E5
La mejor *bifana* de Lisboa (bocadillo de carne de cerdo marinada con mostaza) se sirve en este restaurante con una bulliciosa mezcla de turistas y clientes habituales. *instagram.com/otrevo48; 19.00-22.00 lu-sa*

Cafés

Pastelaria Benard €
45 E5
Este histórico café nació como salón de té en 1868. Si el surtido de pasteles abruma, los cruasanes calientes son una apuesta segura. *benard.pt; 8.30-23.00 lu-sa*

Manteigaria €
46 D5
Con poco espacio en la barra para tomar café con *pastéis de nata* (pastelillos de crema), lo mejor es pedirlos para llevar. La campana anuncia cada nueva hornada. *facebook.com/manteigaria.oficial; 8.00-24.00*

Pastelaria Emenda €
47 D5
Café tradicional perfecto para un típico desayuno portugués: sándwich de jamón y queso y *galão* (café con leche). *instagram.com/pastelaria emenda; 6.30-19.00 lu-vi, hasta 16.00 sa*

Beber

Bares de azotea

Entretanto Rooftop Bar
48 F5
El acogedor bar-restaurante del Hotel do Chiado es ideal para tomar una copa de vino portugués con vistas del Castelo de São Jorge, enfrente. *hoteldochiado.pt; 11.30-22.00*

Zé dos Bois
Este centro cultural en el corazón del Bairro Alto que los lisboetas conocen como ZDB (p. 44) tiene un bar-terraza muy concurrido. *zedosbois.org; 18.00-2.00 ma-sa*

Park

49 C4

Los bares de azotea no estaban de moda en Lisboa cuando se abrió este local en la planta alta de un aparcamiento; es difícil de encontrar, pero las vistas valen la pena. *facebook.com/parklisboaofficial; 16.00-2.00 lu-ju, desde 14.00 vi y sa*

Cócteles

A Tabacaria

50 D6

Pequeño bar y tabaquería con cócteles personalizados. *instagram.com/a_tabacaria; 18.00-2.00 do-ju, hasta 3.00 vi y sa*

Pensão Amor

51 E7

Popular bar y museo del erotismo en un antiguo burdel de Cais do Sodré; tras probar sus cócteles, hay que darse una vuelta por las salas. *pensaoamor.com; 12.00-3.00*

Música en directo

Menina e Moça

52 D7

El ambiente tranquilo de este bar-librería con *jam sessions* de *jazz* los domingos contrasta con el alboroto de los bares de Cais do Sodré. *instagram.com/meninaemocalivrariabar; 15.00-2.00*

Boavista Social Club

53 C6

Bar con actuaciones frecuentes de *jazz* y *soul* lejos de la ruidosa zona central de Cais do Sodré. *instagram.com/boavista.socialclub; 19.00-2.00 ma-sa*

Cerveza

Delirium Cafe

54 F5

Pub con buena selección de cervezas de grifo y servicio atento; conviene llegar pronto para ocupar una mesa en el balcón. *instagram.com/deliriumcafelisboa; 13.00-1.00*

Trobadores

55 F6

Taberna de ambiente medieval con mesas de madera y cerveza en jarras toscas. *facebook.com/TrobadoresBar, 12.00-0.30 ma y mi, hasta 2.00 ju y vi, 14.00-2.00 sa*

Musa da Bica

56 C6

El viaje hasta la fábrica de cerveza Musa en Marvila se lo ahorra uno visitando su bar en Bica. *cervejamusa.com; 17.00-1.00 lu-ju, 13.00-2.00 vi y sa, hasta 23.00 do*

Duque Brewpub

57 E3

Oculto en el corazón de Chiado, el primer *brewpub* lisboeta sigue siendo recomendable para los entendidos en cerveza artesana. *duquebrewpub.com; 16.00-24.00*

Baile

Incógnito

58 A5

Para beber cerveza y cócteles sencillos mientras se pasa la noche bailando *rock* alternativo ochentero y noventero en El Triángulo. Hay que tocar el timbre. *facebook.com/incognitobar; 23.00-4.00 ju-sa*

Trumps

59 A1

Con dos pistas de baile donde suena *house* y pop y espectáculos de *drags* los domingos, este club LGTBIQ+ convoca a una clientela joven. *trumps.pt; 24.00-6.00 ju-do*

Finalmente

60 B2

El primer club nocturno gay de Lisboa se llena aún de clientes que se apiñan para ver los famosos espectáculos de *drags* todas las noches a las 3.00 antes de bailar casi hasta el amanecer. *finalmenteclub.com; 24.00-6.00*

Capela

61 D4

El corazón del Bairro Alto no es una buena zona discotequera, salvo por este lugar; los DJ casi nunca defraudan, pero los fines de semana se pone a reventar. *facebook.com/acapelabar; 19.30-2.00 do-ju, hasta 3.00 vi y sa*

Comprar

Moda

Luvaria Ulisses

62 F4

En esta tienda con solera que vende guantes hechos de encargo, los clientes solo caben de uno en uno. *luvariaulisses.com; 10.00-19.00 lu-sa*

+351

63 E5

Marca lisboeta famosa por sus prendas unisex de algodón orgánico; nacida en El Triángulo, se ha ampliado a otros puntos de la ciudad, como esta tienda cerca del Teatro São Carlos. *plus351.pt; 10.00-20.00*

Ementa

64 F5

Esta marca de ropa callejera diseñada por *skaters* para *skaters* empezó en Amadora con un grupo de amigos que diseñaban camisetas personalizadas. *ementasb.com; 10.00-21.00*

Traces of Me

65 E4

Comprometida con la moda lenta y la sostenibilidad, esta marca portuguesa de diseño ético fundada por mujeres vende prendas muy vistosas. *tracesofmetm.com; 10.30-14.00 y 15.00-19.30*

Música y libros

Palavra de Viajante

66 A5

Librería independiente de libros relacionados con los viajes, en distintos idiomas y ordenados por regiones. *palavra-de-viajante.pt; 10.00-14.00 y 15.00-19.00 ma-sa*

Clube 33

67 A5

Tienda de discos y centro social para coleccionistas de vinilos y melómanos en El Triángulo. *clube33.pt; 11.00-19.00 lu-sa*

Ler Devagar

68 C2

Sillones cómodos, muebles antiguos y un rincón acogedor para que lean los niños crean un ambiente hogareño en la librería de Casa do Comum, centrada en editoriales pequeñas e independientes. *lerdevagar.com; 10.00-21.00*

Comida 'gourmet' y arte

Mercearia Poço dos Negros

69 A5

Parece que todo el país cabe en esta tienda de comestibles pequeña y familiar con productos artesanos portugueses. *instagram.com/merceariapocodosnegros; 10.00-20.00 lu-vi, hasta 17.00 sa*

Companhia Portugueza do Chá

70 A5

Esta tetería produce sus propios tés, entre ellos el Lisbon Breakfast, y es un referente para los amantes de la popular infusión. *companhiaportuguezadocha.com; 10.00-19.00 lu-sa*

Apaixonarte

71 A5

Vende y expone trabajos de artistas portugueses. *apaixonarte.com; 11.00-19.00 lu-vi, hasta 18.00 sa*

Fábrica Sant'Anna

72 E5

Tienda y taller abierta en 1741 que fabrica azulejos artesanales con técnicas de hace 300 años. *santanna.com.pt; 9.30-19.00 lu-vi, desde 10.00 sa*

Sugerencias de lugares para comer, beber y comprar en **p. 64**

Explora
Baixa y Rossio

Cuando los viajeros llegan a Lisboa, suelen ir primero a Baixa por sus amplias plazas con *calçada portuguesa* (adoquinado portugués) blanca y negra y la luz dorada del atardecer reflejada en el Tajo. La tragedia y la renovación definen el centro lisboeta. Tras el terremoto de 1755, el barrio ribereño de Baixa siguió el plan de reconstrucción del marqués de Pombal con calles de trazado perfecto: es un lugar antiguo que da sensación de nuevo. Al norte de la calle principal del centro, el Rossio conserva la huella de saraos, noches de teatro y excursiones de la alta sociedad a la campiña de Sintra, a pesar de los muchos negocios que viven del turismo.

Cómo desplazarse

A pie

Es lo mejor en estos barrios llanos y con las principales atracciones cerca unas de otras.

Metro

La línea azul cubre desde Terreiro do Paço hasta Marquês de Pombal; si el tiempo apremia, se puede tomar el metro, pero no en hora punta.

Autobús

Los atascos son frecuentes y los autobuses circulan lentos incluso por sus carriles reservados; solo hay que tomarlos si no queda más remedio. El n° 711 une Terreiro do Paço con Marquês de Pombal.

Arco da Rua Augusta (p. 61).
KERRY MURRAY/LONELY PLANET ©

LO MEJOR

MIRADOR
Arco da Rua Augusta (p. 61)

YACIMIENTO ARQUEOLÓGICO
Núcleo Arqueológico da Rua dos Correeiros (p. 55)

CAFÉ HISTÓRICO
Martinho da Arcada (p. 62)

PASTELERÍA
Confeitaria Nacional (p. 59)

MUSEO
Museu do Design (p. 59)

A
B
C
D
1
2
3
4
5
6
Ascensor do Lavra
11
Elevador da Lavra
26
30
R de São José
Av da Liberdade
Teatro Politeama
24
Pç dos Restauradores
Restauradores
Ginjinha Popular
21
31
Ginjinha Sem Rival
19
A Ginjinha
18
Ginjinha Rubi
20
Teatro Nacional de Dona Maria II
23
39
Igreja de São Domingos
7
Estação do Rossio
28
Praça Dom Pedro IV
14
34
42
Rossio
36
41
15
6
Mercado da Baixa
Praça da Figueira
8
Confeitaria Nacional
35
29
Cç de Santana
R de São Lázaro
37
R da Palma
R do Benformoso
R das Olarias
Martim Moniz
MOURARIA
R dos Cavaleiros
Pç Martim Moniz
R do Arco da Graça
R Marquês de Ponte do Lima
Costa do Castelo
Pç do Borratém
CASTELO
R 1º de Dezembro
R da Condessa
R da Oliveira
R Nova da Trindade
Baixa-Chiado
R do Carmo
25
33
Elevador de Santa Justa
R de Santa Justa
BAIXA
43
44
R da Assunção
R dos Sapateiros
R Augusta
R da Vitória
R dos Fanqueiros
R da Madalena
38
Tv do Carmo
R de São Mamede
R das Pedras Negras
13
Rua Augusta
R dos Correeiros
Núcleo Arqueológico da Rua dos Correeiros
R Áurea
40
Galerias Romanas
4
32
R de São Julião
R da Prata
R do Comércio
R dos Bacalhoeiros
Museu do Design
5
22
10
Museu do Dinheiro
9
Martinho da Arcada
Igreja da Conceição Velha
Arco da Rua Augusta
12
27
Lisboa Story Centre
1
3
Terra Nova
R do Ferragial
R do Arsenal
16
Praça do Comércio
2
Centro Interpretativo da História do Bacalhau
R Bernardino Costa
Av da Ribeira das Naus
Terreiro do Paço
17
Cais das Colunas
Río Tajo
0
200 m
Más información
Imprescindible p. 55
Experiencias p. 58
Comer p. 64
Beber p. 65
Comprar p. 65

★ IMPRESCINDIBLE

Núcleo Arqueológico da Rua dos Correeiros

Parar unas obras por un hallazgo arqueológico es normal en Lisboa; sacar de golpe a la luz 2500 años de historia es menos frecuente, pero ocurrió en 1991. Desde entonces, se guía a los visitantes por las entrañas del Núcleo Arqueológico da Rua dos Correeiros para que descubran los secretos de civilizaciones pasadas.

Los hallazgos

El circuito por el **yacimiento** *(fundacaomillenniumbcp.pt; gratis)* parte de una sala con mapas y planos interactivos (y elogios a la fundación que financia el museo). Una ventana muestra los cimientos del edificio, de tres períodos distintos, y los objetos expuestos confirman que Lisboa atrajo a tantos colonos por su fértil lecho fluvial y su abundante pescado. Las sardinas eran el ingrediente principal del cotizado *garum* (una salsa de pescado) que exportaban los romanos.

Vestigios históricos

Una estrecha escalera penetra en las entrañas del edificio, donde las subestructuras constructivas superpuestas rastrean las vidas pasadas de Lisboa como asentamiento fenicio, comunidad musulmana y provincia romana, y después del terremoto de 1755. Restos de hogares de la Edad del Hierro, tanques de *garum*, la sección de una red de alcantarillado del s. XVIII e incluso un esqueleto medieval comparten el mismo espacio laberíntico.

Viviendas de la Antigüedad

La última parada son los restos de una casa romana junto a una antigua calzada. Desde el entresuelo, se pueden ver los tanques de piedra para baños calientes y fríos, y parte de un pavimento de mosaicos intacto.

PLANO: P. 54 **C5**

CONSEJO
Conviene reservar, siempre por teléfono o correo electrónico, al menos una semana antes. Las horas son fijas, con 5 min de cortesía para los retrasados.

Escanea este código QR para un circuito guiado gratis.

CIRCUITO A PIE

Baixa

En el barrio más céntrico de Lisboa, unas calles de perfecto trazado desembocan en plazas señoriales de *calçada portuguesa,* las tiendas centenarias conviven con grandes cadenas y, desviándose por bocacalles, se hallan sitios para ver la puesta de sol y lugares históricos poco conocidos.

INICIO	FINAL	DURACIÓN
Praça da Figueira	Cais das Colunas	1,75 km; 1 h

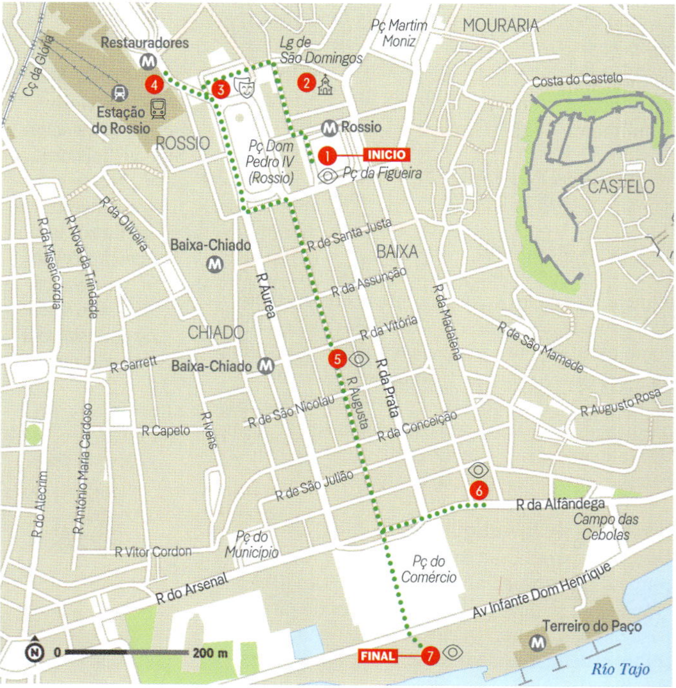

1 Hospital antiguo
Tras el terremoto de 1755 que arrasó Baixa y el Rossio, el marqués de Pombal, entonces primer ministro, ideó una ciudad de nueva planta. La **Praça da Figueira,** el mercado de abastos del centro, se construyó sobre las ruinas del hospital de Todos-os-Santos, destruido por el seísmo; hoy la bordean edificios de igual altura con cafés.

2 Sangriento pasado
Un poco al norte, la sencilla fachada de la **Igreja de São Domingos** esconde un episodio oscuro de la historia portuguesa, porque allí empezó la brutal Masacre de 1506, cuando se mató a miles de judíos. En la placita frente a la iglesia, un monumento honra a las víctimas.

3 Empedrado portugués
Se va al oeste hasta la terraza del Teatro Nacional de Dona Maria II para obtener una mejor perspectiva del pavimento ondulado de la Praça Dom Pedro IV, para todo el mundo el **Rossio.** La *calçada portuguesa* semeja un mar de adoquines blancos y negros, en homenaje a las navegaciones transoceánicas lusas.

4 Obsesión manuelina
Después se cruza la calle para observar la *calçada* más de cerca. Al instante destaca la fachada de la **Estação do Rossio,** que evoca los monumentos manuelinos del s. XV. La estación se construyó a fines del s. XIX, durante el romanticismo artístico, movimiento que revivió los estilos renacentista y gótico y en Portugal se llamó neomanuelino.

5 Calle del comercio
La peatonal **Rua Augusta,** principal arteria comercial de Baixa, se extiende 500 m entre el Rossio y el formidable Arco da Rua Augusta. Aquí el visitante se hunde en un mar de turistas fascinados, artistas callejeros, camareros ruidosos y timadores que intentan pasar por traficantes de "droga". Es lo mejor y lo peor de Lisboa.

6 Mercado antiguo
Al final de Rua Augusta se gira a la izquierda y se camina hasta la confluencia de Rua da Alfândega con Rua dos Fanqueiros. En el pavimento, una placa de mármol casi invisible marca el emplazamiento de **Largo do Pelourinho Velho,** en el s. XVI una lonja de esclavos. Portugal participó activamente en la trata de negros por el Atlántico, y lugares como este lo recuerdan.

7 Puesta de sol
Desandando el camino, se cruza la Praça do Comércio hacia el **Cais das Colunas,** un sitio para tomarse un respiro y ver la puesta del sol; hay que resistir la tentación de la blanda arena y el frescor del Tajo: no es una playa.

EXPERIENCIAS

Aprender historia en el centro de Lisboa MUSEO

PLANO: 1 P. 54 **C5**

Antes de tachar de la lista los museos y puntos de interés ineludibles, hay que visitar **Lisboa Story Centre** *(lisboastorycentre.pt; adultos/niños 7,50/3,50 €)* y, con la audioguía, recorrer sus salas, donde se proyectan vídeos que imaginan la vida en los períodos fenicio, romano y árabe, y antes y después del terremoto. A partir de ahí, la historia se acelera, con breves menciones a los años de dictadura y la revolución democrática, que se abordan en otros lugares.

La experiencia es inmersiva pero no abruma. Incluso en la sala que recrea el terremoto y el tsunami de 1755, los efectos especiales se limitan a una ligera vibración bajo el asiento y la oscilación de una araña de luces sobre la cabeza.

Aprender sobre el bacalao salado en História do Bacalhau MUSEO

Es conocida la obsesión portuguesa por el *bacalhau,* pero extraña que un pez capturado en Noruega e Islandia se convirtiera en el ingrediente principal de algunos de los platos más representativos del país. El **Centro Interpretativo da História do Bacalhau** (PLANO: 2 P. 54 **D6**; *historiabacalhau.pt; adultos/niños 4/2 €*) lo explica.

La experiencia repasa las raíces históricas de la pesca bacaladera, aporta testimonios de antiguos pescadores e incluso aborda la relevancia de este pez en la propaganda dictatorial. También se puede experimentar (sin peligro) la soledad de hallarse en un barquito en la inmensidad del océano. La visita acaba en torno a una mesa virtual, y la experiencia culinaria puede continuar en su restaurante **Terra Nova** (PLANO: 3 P. 54 **D6**), al lado.

GALERÍAS ROMANAS

Abiertas solo una vez al año (hacia el 18 de abril, Día Internacional de los Museos), las **Galerias Romanas** (PLANO: 4 P. 54 **C5**; *museudelisboa.pt; adultos/niños 3 €/gratis*) son un criptopórtico romano del s. I d.C. que discurre bajo Rua da Conceição y la atracción más efímera y demandada de Lisboa. Los billetes se venden en cuestión de minutos después de publicarse las fechas en redes sociales. Los afortunados bajan por una boca de alcantarilla (está previsto mejorar el acceso), caminan (a veces algo encorvados) por algunas de las galerías abovedadas que sustentan el centro de Lisboa e incluso ven una de las fisuras provocadas por el terremoto de 1755.

Explorar el remodelado Museu do Design MUSEO

PLANO: 5 P. 54 **C5**

La espera de 8 años por la reapertura del **Museu do Design** *(mude.pt; adultos/niños 11/5,50 €)* terminó en el 2024. Las entrañas del antiguo banco de ocho plantas están hoy a la vista, lo que convierte la arquitectura del museo en una pieza más de la colección. Las plantas 3ª y 4ª se dedican a la historia del diseño portugués, con una exposición de los fondos del MUDE, y la 5ª (Design Labs) se reserva para los profesionales de la industria.

Cada mueble del MUDE ha sido cuidadosamente diseñado, desde las mesas y sillas de inspiración portuguesa del café de la 2ª planta hasta el restaurado panel de azulejos del restaurante de la última. Pero la estrella es la terraza: las vistas quizá no sean las mejores de la ciudad, pero las plantas autóctonas le dan un toque especial.

Comprar en el Mercado da Baixa MERCADO

PLANO: 6 P. 54 **C3**

Cuando la gente cambió los grandes almacenes de siempre por los centros comerciales, los propietarios de tiendas y restaurantes del centro, haciendo causa común para mejorar el comercio, fundaron la asociación de empresarios que monta el **Mercado da Baixa** *(adbaixapombalina.pt)* a diario en la Praça da Figueira y estacionalmente en la Praça Dom Pedro IV (Rossio).

En ambos sitios, los puestos de pequeños productores venden embutidos, quesos, dulces tradicionales, bollería, artesanía, bebidas y *petiscos* (aperitivos). El **mercado navideño del Rossio** es ineludible.

Sentarse en la Igreja de São Domingos IGLESIA

PLANO: 7 P. 54 **B3**

Al entrar en la **Igreja de São Domingos** *(gratis)* se advierten las señales del incendio de 1959: paredes ennegrecidas, columnas de mármol quebradas y ausencia de los ornamentos –salvo las tallas del altar mayor– propios de otras iglesias barrocas.

La iglesia arrastra un pasado sombrío, pues fue donde empezó la Masacre de Lisboa de 1506. Durante la Semana Santa, los católicos asesinaron a miles de cristianos nuevos (judíos obligados a convertirse para sobrevivir), a los que se culpaba de la sequía, la hambruna y la peste negra. Fuera, un monumento honra a las víctimas.

Durante el horario de misas, de 8.00 a 12.00, debe observarse un comportamiento respetuoso.

Tomar café y pasteles en la Confeitaria Nacional CAFÉ

PLANO: 8 P. 54 **B3**

La **Confeitaria Nacional** *(confeitarianacional.com)* lleva en la misma ubicación de Praça da

Figueira y en manos de la misma familia desde su apertura en 1829. Hoy, más que lisboetas, la visita un aluvión de turistas, pero las primeras horas de la mañana son más tranquilas. Los camareros con corbata negra y camisa blanca toman las comandas y se mueven con diligencia entre las mesas.

El jaleo va a más a lo largo del día, y la visita resulta menos agradable durante la hora punta de los circuitos guiados de 11.00 a 17.00. Si no se puede acudir fuera de esta franja horaria, el vocerío de los guías no debe distraer de admirar los artesonados con espejos y los armarios blancos, ni de probar uno de los *eclairs* (chocolate, caramelo o limón) o su clásico *bolo de arroz*.

Descubrir las tres razones para visitar el Museu do Dinheiro MUSEO

PLANO: 9 P. 54 **B5**

La primera razón para ir al **Museu do Dinheiro** *(foto p. 63; museudodinheiro.pt; gratis)* es el edificio: una iglesia desacralizada que se compró para ampliar el Banco de Portugal y, una vez restaurada, ha recuperado su traza original. La segunda es el dinero y las exposiciones interactivas (en portugués e inglés) sobre el comercio y la moneda, más interesantes para niños que para adultos –sobre todo tocar un lingote de oro.

La última razón es ver la sección exhumada de la muralla del s. XIII. Si se descartan las otras dos razones, hay que dirigirse a la planta baja nada más pasar el control de seguridad. La muralla y los hallazgos arqueológicos se ven en menos de 20 min.

Entrar en la Igreja da Conceição Velha IGLESIA

PLANO: 10 P. 54 **D5**

En un barrio famoso por sus líneas rectas y fachadas homogéneas, la profusa decoración de la puerta manuelina de la **Igreja da Conceição Velha** *(paroquiasaonicolau.pt; gratis)* detiene a cualquiera que pase por delante. Algunos intentan encuadrar toda la iglesia desde el otro lado de la calle y casi

TIMOS HABITUALES

Baixa es una de las zonas más turísticas de Lisboa, y por eso atrae a muchos timadores. Vender "droga" a la vista de todo el mundo –con frecuencia ante las narices de la policía– es el timo más viejo. Portugal despenalizó el consumo de todas las drogas ilegales en el 2001, pero una cosa es la despenalización y otra la legalización. Los timadores aprovechan el malentendido con la esperanza de ganar dinero rápido vendiendo drogas falsas. Otro timo habitual consiste en pedir donativos –portando cordón al cuello y tarjeta identificativa– para organizaciones benéficas que no existen.

se incrustan en la pared mientras sacan la foto. Al final, lo mejor es cruzar para observar los detalles de cerca.

El interior –pese al mármol rosa de las paredes, las pinturas barrocas y los techos de estuco pintados– contrasta con la recargada portada. Como otras iglesias que sobrevivieron parcialmente al terremoto de 1755, esta se reconstruyó durante siglos, con el consiguiente entrecruzamiento de estilos. Una de las pocas mujeres artistas en el Portugal del s. XVIII, Joana Inácia Rebelo, pintó *Nossa Senhora da Pureza* (la pintura del medio a la derecha) en el retablo del altar mayor.

Ver Lisboa desde el Arco da Rua Augusta PUNTO DE INTERÉS

Desde lo alto del **Arco da Rua Augusta** (PLANO: 12 P. 54 **C5**; *adultos/niños 4,50 €/gratis*), de espaldas al Tajo, se ven tres caras de Lisboa: a la izquierda, el Chiado, caótico pero encantador; a la derecha, los apretados edificios de Alfama y Castelo de São Jorge; y al frente, Baixa, planificada pieza del rompecabezas lisboeta que encaja entre los otros dos barrios. Tiendas, restaurantes y cafés bordean la populosa **Rua Augusta** (PLANO: 13 P. 54 **C4**), vía principal que comunica la Baixa con la **Praça Dom Pedro IV** (PLANO: 14 P. 54 **B3**) en el Rossio y la **Praça da Figueira** (PLANO: 15 P. 54 **B3**).

Por el otro lado del *miradouro,* cara al río, se contempla la vasta y luminosa **Praça do Comércio** (PLANO: 16 P. 54 **C6**), antigua entrada de Lisboa, y la escalera y las columnas de mármol del **Cais das Colunas** (PLANO: 17 P. 54 **C6**) emergiendo del agua.

Beber 'ginjinha', el licor lisboeta BAR

Cualquier momento –y cualquier excusa– vale para beber *ginjinha* (licor de guindas). Lo ortodoxo es tomarlo en la barra en vaso de chupito, pero algunos bares de zonas más turísticas lo sirven en un vaso comestible de chocolate.

Fundado en 1840, **A Ginjinha** (PLANO: 18 P. 54 **B2**) proclama que la costumbre de beber licor de guindas empezó aquí. Cerca, **Ginjinha Sem Rival** (PLANO: 19 P. 54 **B2**) es una

ASCENSOR DO LAVRA

El **Ascensor do Lavra** (PLANO: 11 P. 54 **A1**; 1884) es el más antiguo de Lisboa y fue el primer funicular callejero del mundo, pero apenas atrae a los turistas comparado con Bica y Glória, quizá porque las vistas subiendo por la Calçada do Lavra no son muy fotogénicas. Si sobra tiempo, se puede tomar para visitar el Jardim do Torel, evitando así la empinada cuesta de 188 m, o solo para disfrutar del viaje, que dura menos de 20 min por trayecto.

parada habitual para tomar *ginjinha* o un eduardino, una bebida de frutas con el nombre de su inventor, un parroquiano que mezclaba licor de guindas con anís. Lejos del gentío del Rossio, **Ginjinha Rubi** (PLANO: 20 P. 54 **B2**) es un sitio más tranquilo para beber *ginjinha,* pero con poco espacio (y un panel de azulejos precioso tras la barra). En una calle más bulliciosa de Baixa, los precios de **Ginjinha Popular** (PLANO: 21 P. 54 **B2**) son más altos, pero tomar una *ginjinha* en la *esplanada* (terraza) es una bendición.

Uno de los sitios donde escribía Pessoa — CAFÉ

PLANO: 22 P. 54 **D5**

El escritor lisboeta Fernando Pessoa (1888-1935), precursor del modernismo, vivió y trabajó en Baixa, y la ciudad y el Tajo aparecen en textos de sus muchos heterónimos. En el *Libro del desasosiego,* uno de ellos, Bernardo Soares, escribió: "Cuando se siente en exceso, el Tajo es un Atlántico infinito". Parte de ese libro y la mayoría de los poemas de *Mensagem* (único poemario en portugués que Pessoa publicó en vida) se escribieron en **Martinho da Arcada,** donde tiene su mesa preferida reservada a perpetuidad.

El café es una atracción turística, y la mayoría de los visitantes comen algo deprisa o toman un café en la terraza pese a los precios; no pasa nada si se come en otro sitio y solo se fotografía la fachada.

Ir al teatro en el Rossio — TEATRO

Lisboa no ha tenido un distrito teatral de verdad desde la edad dorada del Parque Mayer (un recinto con teatros junto a la Avenida da Liberdade) a mediados del s. XIX, pero hoy casi todos los teatros se concentran en el Rossio.

En el decimonónico **Teatro Nacional de Dona Maria II** (PLANO:

EL TERREMOTO DE 1755

Casi 300 años después, el Gran Terremoto de Lisboa es aún el suceso más comentado en la ciudad y el de consecuencias más devastadoras. En la mañana del 1 de noviembre de 1755, Lisboa quedó arrasada por un terremoto de magnitud 7,7 al que siguió un tsunami. Un incendio provocado por las velas encendidas en el Día de Todos los Santos devoró la ciudad durante horas. Murieron unas 40 000 personas, y Lisboa perdió edificios notables y documentos irrecuperables. La tragedia influyó en filósofos del s. XVIII como Voltaire, y los sacerdotes católicos tomaron como castigo divino que la catástrofe ocurriera en una fiesta religiosa y destruyera las iglesias.

Museu do Dinheiro (p. 60).
BREIZHATAO/SHUTTERSTOCK ©

23 P. 54 **B3**; *tndm.pt*) se representan desde clásicos reinventados hasta obras modernas portuguesas e internacionales. A un corto trecho, al oeste de la Praça Dom Pedro IV, el **Teatro Politeama** (PLANO: 24 P. 54 **A2**; *filipelaferia.pt*) es el mejor sitio para musicales y revistas.

Viajar en el Elevador de Santa Justa

EDIFICIO HISTÓRICO

PLANO: 25 P. 54 **B4**

El **Elevador de Santa Justa** *(6 €)*, construido en hierro, se inauguró en 1902 y su fama no ha decaído desde entonces. Hoy, por el creciente gentío y las largas colas, es imposible usarlo como transporte público (su función primigenia), pero hay alternativas para eludir la pronunciada cuesta.

Montar en este aparato que forma parte de la historia de Lisboa compensa la cola. El número de pasajeros está limitado a 20 para subir y 15 para bajar. Para evitar aglomeraciones, se puede subir a pie hasta Carmo (o usar el ascensor gratuito de Carmo Rooftop, detrás del Elevador de Santa Justa) y montar en el elevador en sentido descendente. Aunque el billete incluye el acceso al mirador, en el nivel superior, desde donde se contemplan las mejores vistas, lleva cerrado desde el 2022.

SUGERENCIAS

Lo mejor para...

Localizaciones en el plano de la **p. 54**

€ Económico €€ Medio €€€ Alto

Comer

Alta cocina

Solar dos Presuntos €€€
26 A1
Uno de los restaurantes de alta cocina portuguesa más famosos de Lisboa, con servicio impecable y reserva obligada. *solardospresuntos.com; 12.00-15.30 y 18.30-23.00 lu-sa*

Delfina – Cantina Portuguesa €€
27 B5
El restaurante del hotel-*boutique* Alma Lusa encarna el espíritu culinario de las abuelas portuguesas, mezclando platos de siempre con reinvenciones de recetas tradicionales. *almalusahotels.com/delfina; 12.00-16.00 y 19.00-23.00*

Comida asequible

Beira Gare €
28 B3
Con muchos sándwiches baratos servidos en la barra, es un sitio asequible para tomar comidas rápidas por la noche con una pinta. Solo efectivo. *11.30-22.00 lu-sa*

Merendinha do Arco €
29 B3
Conocido restaurante con comida portuguesa en raciones generosas, especializado en *bacalhau à minhota* (frito). *merendinhadoarco.pt; 12.00-20.00 lu-vi*

'Petiscos'

Gracinha €€
30 A1
En el patio interior de Solar dos Presuntos, un mural de Vhils homenajea a los fundadores, Graça y Evaristo. Este restaurante informal combina *petiscos* y vino con actos culturales diarios. *gracinha.pt; 18.30-0.30 lu-sa*

Taberna da Casa do Alentejo €
31 B2
Dentro de la Casa do Alentejo, sirve comida de esta región del sur de Portugal; conviene dejar sitio para los postres tradicionales. *casadoalentejo.pt/taberna; 12.00-22.30*

Pasteles y helado

Bizarro Gelato €
32 C5
Fresa y aceitunas, judías y albahaca, y cebolla y mango son algunos de los insólitos sabores de esta atrevida heladería. *instagram.com/bizzarrogelato; 12.00-19.30 ma y mi, hasta 23.00 ju-do*

Nat'elier €
33 B4
Pastelería de Baixa con distintas modalidades de *pastel de nata:* tradicional, vegano, tiramisú, *crème brûlée,* chocolate blanco y nuez de Macadamia, *cookie cheesecake* y naranja y canela. *natelier.pt; 9.00-22.00*

Cafés

Pastelaria Suíça €
34 B3
El cierre de este café entristeció a los lisboetas, pero un par de años después han abierto cerca una nueva versión. El *esquimó* (bizcocho relleno de nata y cubierto de chocolate),

la *duchesse* y el *babá* (bizcocho bañado en sirope de ron relleno de nata montada) son pasteles que perviven como clásicos. *pastelariasuica.pt; 8.00-23.00*

Beber

Bares de azotea

Terraço Editorial

35 C3

Este bistró en la última planta de la tienda de menaje Pollux, con vistas a Baixa, sirve una selección de vinos portugueses de pequeños productores. *terraco editorial.pt; 12.00-24.00*

Rooftop Bar & Lounge

36 C2

La terraza-bar del Hotel Mundial destaca por su ambiente distendido y las vistas del Castelo de São Jorge; su cóctel estelar es Night in Lisbon. *hotel-mundial.pt; 10.30-23.00*

Miradouro de Baixo

37 C1

El bar de azotea del centro cultural Carpintarias de São Lázaro suele ofrecer música en directo, sesiones de DJ y otros espectáculos de pago. *instagram.com/miradourodebaixo; 18.00-24.00 vi-do*

Cócteles

Imprensa Cocktail & Oyster Bar

38 C4

Los cócteles de este pequeño bar llevan nombres de tipos de letra y maridan bien con las ostras portuguesas. *instagram.com/imprensa_; 16.00-24.00*

Comprar

Tiendas históricas

Chapelaria Azevedo Rua

39 B3

La sombrerería más antigua de Portugal lleva desde 1886 en la misma ubicación del Rossio. *azevedorua.pt; 10.00-19.00 lu-sa*

Casa Pereira da Conceição

40 C5

La decoración y la arquitectura atraen, y el aroma a café recién molido invita a quedarse. *10.00-22.00*

Manteigaria Silva

41 B3

Esta tienda regentada por una familia es uno de los mejores sitios para comprar *bacalhau* y otras exquisiteces lusas. *manteigariasilva.pt; 9.00-19.30 lu-sa*

Hospital de Bonecas

42 C3

Este "hospital" de muñecas de propiedad familiar fundado en 1830 es también una tienda de juguetes con un museo en la planta alta, con muñecas *vintage* y piezas de repuesto. *hospitalde bonecas.com; 10.00-18.00 lu-sa*

'Vintage'

Outra Face da Lua

43 C4

Una de las tiendas de ropa *vintage* más antiguas de Lisboa, con prendas y complementos desde la década de 1960 hasta la de 1990, sobre todo vestidos de mujer. *aoutrafacedalua.com; 10.00-19.00 lu-vi, desde 11.00 sa y do*

Humana Vintage Secondhand

44 C4

De las varias tiendas de esta ONG de voluntariado y trabajo social, esta de Baixa es la que ofrece el mayor surtido de ropa *vintage*. *humana-portu gal.org; 10.00-20.00 lu-sa, desde 11.00 do*

Sugerencias de lugares para comer, beber y comprar en p. 79

Explora Alfama, Castelo y Graça

Estos tres barrios se distinguen por sus anchas vistas de la ciudad, calles estrechas y casas pintorescas que descienden hasta el Tajo. Alfama y Castelo, los más antiguos, han conocido muchas Lisboas a lo largo de los siglos, y como sobrevivieron parcialmente al terremoto, son de los pocos sitios con vestigios de la Lisboa medieval. Casi todos los edificios de Graça, un barrio más nuevo, se levantaron en el s. XIX para alojar a la creciente población de obreros fabriles procedentes de otras regiones portuguesas.

Cómo desplazarse

A pie

Es la mejor manera de moverse por el casco histórico, pero teniendo cuidado con las aceras irregulares y los adoquines resbaladizos. Se acortan distancias usando los ascensores gratuitos (Elevador do Castelo, Elevador de Santa Luzia) y el funicular de Graça.

Autobús

El autobús n° 737 va de Praça da Figueira a Castelo. Los n° 10B (Campo das Cebolas) y 13B (Santa Apolónia) paran cerca de los principales puntos de interés de Alfama y Graça.

Metro

Llega hasta Mouraria (línea verde, salida Martim Moniz) y Alfama (línea azul, salida Santa Apolónia).

Alfama.

★ LO MEJOR

BAR CON MÚSICA EN DIRECTO
Damas (p. 81)

MUSEO
Museu do Aljube (p. 74)

MERCADO
Feira da Ladra (p. 76)

YACIMIENTO ARQUEOLÓGICO
Museu do Teatro Romano (p. 74)

LUGAR HISTÓRICO
Igreja da Graça (p. 76)

A
B
C
D
1
2
3
4
5
6
Miradouro da Senhora do Monte
R Damasceno Monteiro
R de São Lázaro
R da Palma
R do Benformoso
R das Olarias
Cç do Monte
Jardim da Cerca da Graça
Tranvía 28/ Largo da Graça
MOURARIA
Lg das Olarias
R dos Lagares
Funicular da Graça
Igreja da Graça
R da Graça
Miradouro da Graça
R do Arco da Graça
Pç Martim Moniz
R da Mouraria
Torre do Jogo da Péla
Tranvía 28/ Largo Martim Moniz
R Marquês de Ponte do Lima
Cç de Santo André
Cç da Graça
Tv das Mónicas
Costa do Castelo
Rossio
Pç da Figueira
Castelo de São Jorge
Casa en Rua dos Cegos
R de São Tomé
CASTELO
R da Betesga
R de Santa Justa
BAIXA
R da Madalena
Largo das Portas do Sol
R dos Fanqueiros
R Augusta
R Áurea
R da Vitória
R de São Mamede
R de Santiago
Miradouro de Santa Luzia
R das Pedras Negras
Museu do Teatro Romano
Museu do Aljube
R do Limoeiro
R de São Nicolau
Museu de Santo António
R do Barão
Sé de Lisboa
R de São João da Praça
R da Conceição
R da Prata
Arco Escuro
Casa dos Bicos
R de São Julião
R do Comércio
R da Alfândega
Av Infante Dom Henrique
Campo das Cebolas
Doca da Marinha
R do Arsenal
Pç do Comércio

E
F
G
H
Más información
Imprescindible p. 70
Experiencias p. 74
Comer p. 79
Beber p. 80
Comprar p. 81
1
2
3
4
5
6
Vila Berta
12
Tv da Pereira
R da Verónica
GRAÇA
Campo de Santa Clara
Campo de Santa Clara
31
Feira da Ladra
10
Panteão Nacional
18
Arco Grande de Cima
35
34
24
42
R do Paraíso
20
Estación de tren Santa Apolónia
Santa Apolónia
Escolas Gerais
33
32
45
R do Vigário
R do Museu de Artilharia
23
R dos Remédios
40
R do Jardim do Tabaco
R de São Miguel
13
Museu do Fado
R Terreiro do Trigo
Río Tajo
0
500 m

★ IMPRESCINDIBLE

Castelo de São Jorge

Retoques cosméticos aparte, el Castelo de São Jorge precede a Portugal como país y es más que una fortaleza medieval: entre sus muros habitaron las primeras civilizaciones y familias regias de Lisboa. Desde sus almenas y patios umbríos se divisan los tejados de la ciudad.

PLANO: P. 68 **C3**

CONSEJO
Visitar el castillo por la mañana para eludir el gentío y comprar las entradas en línea; con ella en la mano, se hace cola aparte y se acorta la espera.

Escanea este código QR para horarios y compra de entradas.

Vistas

Mucha gente visita el **castillo** *(castelodesaojorge.pt; adultos/niños 15 €/gratis)* por sus vistas. Es uno de los mejores miradores de Lisboa, y casi nunca abarrotado. Las reacciones al panorama fluctúan desde un grito admirativo hasta un mudo asombro.

Torres e interior

Tras admirar las vistas, se sube al **Jardim Romântico** para intentar averiguar qué piedras formaban parte del Paço Real (palacio real) en ruinas. Se sigue hasta el castillo para explorar las murallas y torres, parando para divisar Lisboa desde lo alto. Al ser un castillo medieval, el pavimento es irregular, con piedras desiguales y resbaladizas. Algunas escaleras son altas, y los caminos presentan las muescas y superficies alisadas que dejaron quienes los hollaron antes.

Vale la pena explorar cada rincón del Castelo de São Jorge, pero hay que pensárselo antes de emprender la ardua subida por los peldaños empinados y desiguales de la **Torre de São Lourenço** y tomarse el tiempo necesario.

RTEM/SHUTTERSTOCK ©

Lugares históricos

La última parada es el yacimiento arqueológico, muy importante para entender los estratos históricos de Lisboa. Las excavaciones practicadas a lo largo de los años han exhumado restos de tres períodos y civilizaciones: una cocina del s. VII a.C. (Edad del Hierro), vestigios de una morería del s. XI y las ruinas de un palacio episcopal del s. XVI. Hace falta un poco de imaginación para interpretar las ruinas, pero ayuda visitar antes la exposición permanente entre el jardín y el castillo.

UNA PAUSA
Para un tentempié, **Lovely Castelo** (el quiosco rojo cerca de la entrada); para una comida más sustanciosa, su restaurante con vistas.

CIRCUITO A PIE

Alfama, Castelo y Graça

Al pasear por las pinas callejas adoquinadas del centro histórico se ven tranvías amarillos traqueteando arriba y abajo, edificios azulejados, conductores de motocarros anunciando gangas y turistas interrumpiendo a las señoras mayores que charlan en los umbrales para comprarles un trago de *ginjinha*.

INICIO	FINAL	DURACIÓN
Centro Comercial Mouraria	Chafariz d'El Rei	2,25 km; 1½ h

1 Compras

El concurrido **Centro Comercial da Mouraria** es el mejor sitio para comprar especias a granel, comida asiática y gangas; pero, aunque no se vaya con esa intención, vale la pena curiosear en las cinco plantas de este centro comercial multiétnico con una inmensa variedad de artículos.

2 Calle del fado

Al otro lado de la calle, **'Mouraria-Berço do Fado',** una escultura que homenajea al fado, marca el principio de Rua do Capelão, donde supuestamente nació. Fotos de fadistas de la artista Camilla Watson decoran las paredes.

3 Plaza recoleta

Se sigue al este hasta **Largo da Severa,** una plaza tranquila junto a las calles populosas del centro de Mouraria que toma nombre de la primera fadista; solo algún grupo de turistas o de vecinos que intercambian chismes perturba el silencio.

4 Arte callejero

Se atraviesa el dédalo de calles adoquinadas hasta Rua dos Lagares y se sube, admirando arte callejero, por la escalera en zigzag conocida como Caracol da Graça; en días calurosos se puede atajar tomando el funicular de Graça.

5 Pausa con vistas

Se para en el **Miradouro da Graça** para contemplar los edificios de Lisboa extendidos hacia el Tajo bajo la vigilancia del Castelo de São Jorge sobre la colina; para disfrutar esta vista con calma, lo mejor es sentarse a tomar algo en la Esplanada da Graça.

6 Viviendas obreras

Cruzando el Jardim da Graça, el edificio con azulejos verdiazules a la derecha, con el letrero **Villa Sousa,** es uno de los antiguos bloques de viviendas construidos para los obreros que venían a trabajar a Lisboa desde otros puntos del país. Se continúa por Largo da Graça hasta la **Vila Berta,** otro pintoresco pueblo dentro de la ciudad.

7 Antigua judería

Se camina hacia el sureste por Rua da Voz do Operário hasta Portas do Sol y se baja la escalera. Los serpeantes callejones y peldaños conducen al corazón de la antigua **judería** en Largo de São Miguel. Lo único que queda de ella es el nombre de la calle (Rua da Judiaria) y la antigua puerta en la muralla medieval, la Cerca Velha, junto al Centro Cultural Judaico.

8 Fuente

Después se va al **Chafariz d'El Rei,** una de las fuentes públicas más hermosas de Alfama y la primera de la ciudad (hoy en desuso). La fachada se añadió a la estructura primitiva del s. XIII a fines del XIX, con nueve caños –para distintos sexos y clases sociales– de los que pueden verse tres.

EXPERIENCIAS

Entrar en la Sé de Lisboa IGLESIA

PLANO: 1 P. 68 C5

La **Sé de Lisboa** *(sedelisboa.pt; adultos/niños 5/3 €)* no pasa inadvertida en la calle que sube a los *miradouros* de Alfama. Aunque la mayoría de los paseantes admira esta iglesia medieval desde fuera, su austera fachada oculta altas bóvedas, vidrieras y un pequeño museo de arte sacro.

El claustro lleva tres décadas cerrado por excavaciones arqueológicas, pero se prevé reabrirlo en el 2025. Se puede entrar gratis, pero sin pagar no se puede pasar más allá de las 12 últimas filas de bancos.

Visitar ruinas en el Museu do Teatro Romano MUSEO

PLANO: 2 P. 68 C5

La mayoría de las escasas y dispersas ruinas romanas de Lisboa yacen bajo los escombros del terremoto de 1755 y los cimientos de la ciudad reedificada, esperando salir a la luz durante la construcción de un nuevo edificio o aparcamiento subterráneo.

En Alfama, el descubrimiento de las ruinas de un teatro del s. I d.C. propició la apertura del **Museu do Teatro Romano** *(museudelisboa.pt; adultos/niños 3 €/gratis)*. Aunque la colección merece la visita de 1 h, el antiguo teatro acapara casi toda la atención, y la entrada es gratuita. Esta excavación arqueológica a cielo abierto iniciada a fines de la década de 1960 sacó a la luz uno de los hallazgos históricos más importantes del país, porque en Portugal solo se construyeron teatros romanos en Lisboa y Braga.

Acercarse al pasado en el Museu do Aljube MUSEO

PLANO: 3 P. 68 C5

El **Museu do Aljube** *(museudoaljube.pt; adultos/niños 3 €/gratis)* cuenta la historia de uno de los períodos más oscuros de la historia portuguesa reciente: la dictadura conocida como Estado Novo y la lucha por la democracia que culminó con el golpe militar pacífico del 25 de abril de 1974.

Instalado en la antigua prisión donde se encarcelaba y torturaba

CIRCUITO A PIE POR LA LISBOA JUDÍA

Las huellas de las civilizaciones romana e islámica están documentadas y se localizan con relativa facilidad, pero la presencia judía en Lisboa suele vincularse a hechos trágicos como la matanza de 1506. El **circuito guiado a pie por la Lisboa judía** (PLANO: 4 P. 68 E5; *judiarialisboa.com; 50 €*) del Centro Cultural Judaico ha empezado a corregir ese sesgo con una ruta de 3 h (inglés o hebreo) por el corazón de Alfama, que proporciona el necesario contexto histórico, cultural y social.

a los opositores al régimen relata casi cinco décadas de totalitarismo y la explotación colonial que lo sustentaba. Testimonios personales, documentos y fotos presentan la cronología de unos hechos ocurridos no hace tanto tiempo.

Contemplar las vistas desde los miradores MIRADOR

En el centro abundan los *miradouros,* pero los que interesan son los cuatro oficiales, gratuitos. Desde el ventoso **Miradouro da Senhora do Monte** (PLANO: 5 P. 68 **C1**), entre Graça y Mouraria, se ve la Praça Martim Moniz, una parte del centro y la sinuosa Calçada do Monte, que baja hasta el corazón de Mouraria.

Largo das Portas do Sol (PLANO: 6 P. 68 **D4**), en Alfama, es ideal para tomar unas copas en el café al aire libre con vistas al Tajo. A menos de 100 m calle abajo, el **Miradouro de Santa Luzia** (PLANO: 7 P. 68 **D4**) aporta romanticismo con sus paneles de azulejos y su pérgola. El **Miradouro da Graça** (PLANO: 8 P. 68 **D2**), siempre lleno de gente por el día, es la terraza desde donde se contempla cómo se va serenando Lisboa al ponerse el sol.

Conocer al patrono de Lisboa en el Museu de Santo António MUSEO

PLANO: 9 P. 68 **C5**

El **Museu de Santo António** *(museudelisboa.pt; adultos/niños 3 €/gratis),* dedicado al patrono más querido en Lisboa (el oficial es São Vicente), exhibe obras con referencias al santo en documentos históricos, libros y cultura popular; pero las instalaciones artísticas y la estatua exterior parecen interesar más a la gente que las exposiciones de dentro.

En el Día de San Valentín, el museo organiza actos especiales para recordar las dotes celestinescas de san Antonio como *santo casamenteiro;* según la tradición, si se tira una moneda a la estatua y cae sobre el libro abierto, es señal de que se ha alcanzado el amor verdadero.

Celebrar los 'santos populares' FIESTA

Las celebraciones callejeras más famosas de Lisboa son los *santos populares* de verano. Para honrar a san Antonio y san Vicente, los barrios históricos se llenan de una multitud que bebe cerveza, come sardinas (no es fácil encontrar comida vegetariana, pero tampoco imposible) y baila toda la noche al son de la conocida como *música pimba* (melodías sencillas y pegadizas, mezcla de ritmos pop y tradicionales, con letras provocativas).

Esta es la actividad principal todos los días (o más bien todas las noches) de junio, que culminan el 12, víspera de festivo en Lisboa. El jolgorio se extiende por toda la ciudad y alcanza su apogeo en los barrios de Alfama, Graça y Mouraria, que se llenan de gente. Lo ideal es conseguir mesa en uno de los *arraiais* (verbenas) y unirse a los lisboetas cenando sardinas a la parrilla, patatas cocidas y pimientos asados.

Durante la década pasada, casi todos los *arraiais* han evolucionado de puras celebraciones de barrio a festejos promocionados con presencia de todos los géneros musicales. El Arraial da Mouraria, organizado por la ONG **Renovar a Mouraria** *(renovaramouraria.pt)*, sigue siendo uno de los pocos donde divertirse en compañía de los vecinos constituye la máxima prioridad.

Comprar gangas en la Feira da Ladra

MERCADO

PLANO: 10 P. 68 **F3**

En Campo de Santa Clara se encuentra el mercadillo callejero más antiguo de Lisboa, que los martes y sábados se convierte también en el más concurrido. En la Feira da Ladra los vendedores profesionales, con puestos bien montados que exponen artículos *vintage* y artesanía, se mezclan con los ocasionales que tienden mantas en el suelo y las cubren de mercancías. Encontrar tesoros entre las baratijas requiere paciencia, pero nadie se va con las manos vacías.

Las primeras horas del sábado son el mejor momento para curiosear; hay que ir con efectivo y ganas de regateo.

Descubrir las múltiples caras de la Igreja da Graça

CONVENTO

PLANO: 11 P. 68 **D2**

Cuando los turistas van al Miradouro da Graça (p. 75) para contemplar una de las panorámicas más famosas de Lisboa, la **Igreja da Graça** *(igrejadagraca.pt; adultos/niños 5 €/gratis)*, del s. XIII, suele ser un mero añadido. Pero basta con pasar ante la portada para preguntarse si el interior de este convento barroco será tan hermoso como esos pavimentos y paredes de mármol; y se comprueba que lo es al recorrer las estan-

AZULEJOS ROBADOS

La venta de azulejos históricos es un negocio lucrativo. Cuanto más rara sea la pieza, mayor será el beneficio, y un departamento de la policía portuguesa se dedica a investigar estos robos *(sosazulejo.com)*. En las fachadas de muchos edificios antiguos de Lisboa faltan docenas de azulejos, la mayoría arrancados cuidadosamente de las paredes. Cuanto más pegados al suelo estén los huecos, más probable será que los hayan robado. Es frecuente venderlos después a turistas despistados en la Feira da Ladra, mercados callejeros o anticuarios. El movimiento **MAPA** *(facebook.com/azulejo.patrimonio.em.risco)* está consiguiendo que la gente tome conciencia del problema.

cias azulejadas y admirar las obras de arte de la iglesia y sus muros de mármol rosa.

Consciente de las posibilidades de la terraza y necesitado de financiación, este convento católico subió de categoría en el departamento de atracciones turísticas y abrió un *miradouro* en el 2023. Más que un convento, la Igreja da Graça es hoy un espacio cultural de visita obligada. La planta alta del claustro funciona como galería de arte, el salón noble acoge conciertos y, en verano, el claustro se convierte en un **cine al aire libre** *(theblackcatcinema.com)*.

Encontrar restos de las barriadas obreras de Graça

CALLE

PLANO: 12 P. 68 **E1**

A principios del s. xx, en pleno apogeo de la industrialización en Lisboa y el consiguiente aumento de población, proliferaron las barriadas para inmigrantes de otros puntos del país. Estas pequeñas *vilas* (pueblos) eran como un barrio dentro de un barrio, y a veces se reducían a una manzana de pisos con un patio interior (Vila Sousa en Largo da Graça es un buen ejemplo).

Vila Berta, a un corto trecho de Largo da Graça, es una pintoresca calle de casas homogéneas con azulejos y balcones de forja. Esta antigua manzana para obreros fabriles es uno de los sitios más populares de Graça para los festejos anuales en honor de los santos lisboetas (p. 75).

En el Bairro Estrela d'Ouro, otra manzana obrera de Rua da Graça, lo único que queda es el panel de azulejos en el muro.

Conocer la canción popular en el Museu do Fado

MUSEO

PLANO: 13 P. 68 **E5**

Las raíces del fado se hunden en los barrios antiguos de Lisboa. Hoy, este melancólico estilo se asocia, sobre todo, al barrio de Alfama, pero nació en las tascas de Mouraria y pasó rápidamente de entretenimiento para obreros a género musical mundialmente famoso.

Antes de ir a una *casa de fado* (restaurante tradicional donde cantan fadistas entre plato y plato de la cena) conviene conocer su historia en el **Museu do Fado** *(museudofado.pt; adultos/niños 5 €/gratis)*. Aquí se descubre a varias generaciones de artistas, se escuchan sus canciones, se admiran diferentes tipos de guitarra portuguesa –instrumento fundamental del género– y se puede ver *O Fado* (1910), el retrato de Jose Malhoa de dos personajes del barrio: el fadista Amâncio y su amante Adelaide.

Ver hallazgos arqueológicos y un premio Nobel en la Casa dos Bicos

EDIFICIO NOTABLE

PLANO: 14 P. 68 **C6**

La 1ª planta de la renacentista **Casa dos Bicos** aloja la **Fundação José Saramago** *(josesaramago.*

org; adultos/niños 3 €/gratis), dedicada al escritor portugués ganador del Premio Nobel en 1998. Este edificio del s. XVI de Campo das Cebolas presenta una curiosa fachada con sillares en punta de diamante y ventanas neomoriscas. La exposición del interior repasa la carrera literaria de Saramago con fotografías, calendarios y cuadernos personales, manuscritos anotados, traducciones de sus libros y su medalla del Nobel.

CONSTRUCCIONES ANTERIORES AL TERREMOTO DE 1755

Arco Escuro

PLANO: 15 P. 68 **C6**

Usado como atajo para llegar a la Sé de Lisboa (p. 74), el arco abovedado que da al callejón homónimo es la antigua Porta do Mar de la primera muralla de la ciudad, la Cerca Velha, anterior al s. XIII.

Torre do Jogo da Péla

PLANO: 16 P. 68 **A2**

Al oeste de la Praça Martim Moniz se ve una parte de la muralla del s. XIV, la Cerca Fernandina, que parece los restos de un edificio en construcción.

Casa en Rua dos Cegos

PLANO: 17 P. 68 **D4**

La casa más antigua de Lisboa, del s. XVI, está en una esquina de esta calle de Alfama.

Se visite o no el pequeño museo del piso alto, merece la pena ver (gratis) los hallazgos arqueológicos de la planta baja: tanques romanos para macerar pescado, restos de la muralla musulmana y una sección de las murallas del s. XIV.

Honrar a portugueses insignes en el Panteão Nacional

MUSEO

PLANO: 18 P. 68 **G3**

La construcción del **Panteão Nacional** *(panteaonacional.gov.pt; adultos/niños 8 €/gratis)* duró 400 años. La cúpula de la iglesia, último añadido arquitectónico (1966), es lo primero que capta la atención desde la distancia, seguido de la ondulante fachada. En el interior, la mirada se dirige hacia la cúpula, el órgano de la capilla principal y el pavimento de mármol (se ve mejor desde el coro).

Es la última morada de algunas de las figuras más destacadas del país, con las tumbas del futbolista Eusébio, la diva del fado Amália, presidentes, políticos y escritores en la planta baja.

Lo mejor para...

€ Económico €€ Medio €€€ Alto

Localizaciones en el plano de la **p. 68**

Comer

Portuguesa contemporánea

O Velho Eurico €€
19 B4
El antiguo propietario da nombre a esta tasca, regentada por chefs jóvenes desde el 2018, que sirve clásicos como *bacalhau* y pulpo. *instagram.com/ovelhoeurico; 12.30-15.00 y 20.00-22.30 ma-sa*

Taberna Albricoque €€
20 G3
El chef y dueño de este restaurante de Santa Apolónia ofrece pescados y mariscos del Algarve y *petiscos* alentejanos. *instagram.com/taberna.albricoque; 19.00-23.00 ma, 12.00-15.00 y 19.00-23.00 mi-sa*

Tasca Baldracca €€
21 B4
Pequeño y discreto restaurante de Mouraria que prueba que la cocina de fusión no desentona en una tasca. *instagram.com/tascabaldracca; 12.30-15.00 y 20.00-23.00 ma-sa*

Portuguesa asequible y tradicional

As Bifanas do Afonso €
22 B4
Lisboetas y viajeros hacen cola para la *bifana* (bocadillo de carne de cerdo), pero ningún bocadillo de la carta decepciona. *8.00-18.30 lu-vi, 9.00-13.30 sa*

Sardinha €
23 F4
Este pequeño restaurante de Alfama, propiedad de un matrimonio, pone amor en cada plato; el servicio es lento porque solo lo atienden ellos. *9.30-24.00 lu-vi, desde 19.00 do*

Maçã Verde €
24 G3
En este sencillo restaurante a pocos pasos de la estación de Santa Apolónia hay que estar atentos a los platos del día escritos a mano. *12.00-15.00 y 19.00-23.00 lu-vi, 12.00-15.00 sa*

Alta cocina

Sála €€€
25 C6
Con una estrella Michelin y dos menús degustación de pescado y marisco, el restaurante del chef João Sá es un oasis culinario entre los restaurantes caros para turistas cerca del Campo das Cebolas. *restaurantesala.pt; 18.30-21.30 ju-ma, 12.30-14.00 y 18.30-22.30 vi y sa*

ÀCosta by Olivier €€€
26 C6
A los platos portugueses se les da un giro moderno en este restaurante ribereño donde mandan los pescados y el marisco, sin que falten otras opciones. *acostabyolivier.pt; 12.30-15.00 y 19.00-23.00 do y ju-ma, hasta 23.30 vi y sa*

Grenache €€€
27 D4
Los dos menús degustación que propone el chef Philippe Gelfi en este restaurante recomendado por la Guía Michelin combinan platos portugueses con técnicas culinarias francesas. *grenache.pt; 19.30-22.30 ju-lu*

Desayuno y 'brunch'

Basílio €€
28 C6
Acogedor café de Aldama con desayunos todo el día; si no se puede decidir entre tortitas y huevos, lo mejor es optar por el menú del *brunch*. *ilove nicolau.com; 8.00-17.00 lu-ju, hasta 19.00 vi-do*

Maria Limão €€
29 D1
Negocio fundado por mujeres, que pasó de carrito con limonada en el mirador de Senhora do Monte a restaurante de *brunch* en el centro de Graça; las tortitas de frutos del bosque son inexcusables. *instagram.com/bebemarialimao; 9.00-18.00 lu-vi, hasta 19.00 sa y do*

Vegana y vegetariana

Food Temple €€
30 C2
En este vegano de Mouraria, la escalera exterior proporciona mesas y sillas, pero es más cómodo pasar dentro y pedir el menú degustación para probar todos los platos. *thefoodtemple.com; 18.30-23.30 ma-do*

Santa Clara dos Cogumelos €
31 F2
No todo son setas, a pesar del nombre de este restaurante vegetariano, pero sí destacan como ingrediente estelar. *santa claradoscogumelos.com; 19.30-23.00 do-vi, 13.00-15.30 y 19.30-23.00 sa*

Comida y fado

Tasca da Bela €
32 F4
Esta pequeña casa de fado de Alfama se llena rápido; es recomendable conseguir mesa para picotear *petiscos* entrada la noche. *facebook.com/bela.vinhosepetiscos; 20.00-4.00 ma-do*

Mesa de Frades €€€
33 F4
El plantel de fadistas en esta antigua capilla de Alfama convertida en acogedor restaurante incluye intérpretes, tanto nuevos como consagrados. *instagram.com/mesadefrades; 20.30-2.00 lu-sa*

O Corrido €€
34 F3
Restaurante familiar, lejos de las casas de fado de Alfama, que ofrece una experiencia genuina y asequible. *ocorrido.com; 19.30-23.00 do y ju-ma, hasta 20.00 vi y sa*

Beber

Cafés

Hello, Kristof
35 F3
Con un café magnífico, el segundo establecimiento de este acogedor café está en Alfama. *hello kristof.com; 9.00-16.00*

Paleio Cafe
36 B5
Coqueto café que dispone de un espacio aparte para usuarios de portátiles. *instagram.com/paleio.cafe; 8.00-19.00 ma-do*

Cerveza artesana

8ª Colina
37 D1
La *taproom* de Oitava Colina en Graça sirve las cervezas más vendidas de la marca portuguesa, creaciones nuevas y cervezas estacionales de producción limitada. *oita vacolina.pt; 16.00-23.00 do-ju, hasta 1.00 vi y sa*

Outro Lado
38 C5
Bar en un callejón de Alfama, con más de 300 cervezas portuguesas e internacionales. *outro lado.beer; 17.00-23.00 do, mi y ju, hasta 2.00 vi y sa*

Cócteles y vino

The Terrace

39 D5

Uno de los primeros bares de azotea antes de que la moda arraigara en Lisboa: perfecto para tomar copas en un ambiente informal con vistas a Alfama. *memmo hotels.com; 12.00-23.00*

Ulysses Speakeasy

40 E4

Este microbar casi secreto en el corazón de Alfama es famoso por sus cócteles personalizados y funciona solo con reserva. *instagram.com/UlyssesLisbon; 16.00-24.00 sa-ma*

L'APE Italian Lounge

41 C1

La tradición del *aperitivo* se disfruta en este bar-restaurante informal, cerca del Miradouro Senhora do Monte, con licores, vinos y cervezas embotelladas de Italia. *instagram.com/lapeitalianlounge; 12.00-23.00*

Baile

Lux-Frágil

42 H3

El club nocturno más de moda de Lisboa es uno de los sitios preferidos para tomar copas con música en directo y baile hasta el amanecer. *luxfragil.com; 24.00-6.00 ju-do*

Música y espectáculos en directo

Drama Bar

43 C1

Bar y centro cultural LGTBIQ+ con espectáculos de *drags*, sesiones de *playback* y brillantes fiestas temáticas. *instagram.com/dramabar.lisboa; 19.00-24.00 mi-do*

Damas

44 E2

Una antigua panadería de Graça acoge esta sala de conciertos alternativa con carta de cócteles semanal. *instagram.com/damas.lisboa; 12.00-4.00 vi y sa*

Típica de Alfama

45 E4

No todo es fado en Alfama: este pequeño bar de propiedad familiar ofrece actuaciones y espectáculos variados. *instagram.com/tipicadealfama; 19.00-2.00 lu-sa*

Comprar

Cerámica

XVIII Azulejo e Faiança

46 D4

Se puede ver a los artesanos trabajando en esta tienda especializada en azulejos pintados a mano y fabricados con técnicas del s. XVIII. *xviii.pt; 10.00-19.00 lu-sa*

Cerâmica São Vicente

47 E3

Tienda de cerámica de propiedad familiar que vende azulejos hechos y pintados a mano y otras piezas. Reservando plaza en un taller, puede uno llevarse un *souvenir* único. *ceramica-svicentelisboa.com; 11.00-16.00 ma-vi, hasta 17.00 sa*

'Souvenirs'

Madalena à Janela

48 B5

El amor de los propietarios a la artesanía lusa se refleja en esta tienda con cerámica, bolsas y camisetas de producción ética. *madajanela.com; 10.30-19.30 lu-vi, hasta 19.00 sa*

Conserveira de Lisboa

49 B6

Está muy bien comprar una lata de sardinas con el año del nacimiento en un tienda de recuerdos, pero no se compara con el servicio personalizado de esta tienda histórica. *conserveiradelisboa.pt; 10.00-19.00 lu-sa*

Sugerencias de lugares para comer, beber y comprar en **p. 94**

Explora Belém

Por ser el puerto del que zarpaban los navegantes lusos, Belém quedó vinculado a la era de las exploraciones marítimas. Los lucrativos "hallazgos" de la época hicieron de Portugal uno de los países más ricos de Europa, y con las ganancias se alzaron monumentos como el Mosteiro dos Jerónimos. Los palacios y mansiones donde veraneaban nobles y monarcas en el s. XVIII son hoy museos, embajadas y edificios públicos. Belém está muy concurrido por el día, pero cuando los turistas regresan al centro, el barrio se vacía, pese a ser uno de los núcleos culturales más activos de Lisboa.

Cómo desplazarse

A pie

Belém es llano y, por la poca distancia entre los principales puntos de interés, lo mejor es moverse a pie.

Bicicleta

El carril-bici ribereño es uno de los mejores de Lisboa. Las dos estaciones de bicicletas de alquiler Gira se ubican cerca de la Torre de Belém y el MAAT.

Autobús

No es lo más rápido, pero puede ser una solución. El nº 727 une el Mosteiro dos Jerónimos con el MAAT. El nº 728 va de Jerónimos a la estación del ferri de Belém.

Torre de Belém (p. 85).

LO MEJOR

JARDÍN
Jardim Botânico Tropical (p. 88)

EDIFICIO PATRIMONIAL
Mosteiro dos Jerónimos (p. 86)

MUSEO
MAAT Gallery (p. 93)

PASTELES
Pastéis de Belém (p. 93)

MIRADOR
Padrão dos Descobrimentos (p. 88)

A
B
C
D
E
F
1
2
3
4
0
500 m
RESTELO
Museu do Tesoro Real
Palácio Nacional da Ajuda
Jardim Botânico da Ajuda
Cç da Tapada
Av das Descobertas
Av Ilha da Madeira
R do Alto do Duque
Av Dom Vasco da Gama
R Dom Francisco de Almeida
Av do Restelo
R dos Jerónimos
Cç do Galvão
Cç da Ajuda
Más información
Imprescindible p. 85
Experiencias p. 88
Comer p. 94
Beber p. 95
Comprar p. 95
Jardim Botânico Tropical
Antigo Picadeiro Real
Mosteiro dos Jerónimos
Pastéis de Belém
R da Junqueira
R Tristão da Cunha
R Dom Cristóvão da Gama
R Pedrouços
Museu de Arte Contemporânea MAC/CCB
Pç do Império
Centro Cultural de Belém
Museu Nacional dos Coches
Belém
Quake
MAAT Garden
MAAT Central
MAAT Gallery
Estação Fluvial de Belém
Doca de Belém
Padrão dos Descobrimentos
Av da Índia
Av de Brasília
Doca do Bom Sucesso
Museu de Arte Popular
Río Tajo
Torre de Belém

★ IMPRESCINDIBLE

Torre de Belém

Patrimonio Mundial de la Unesco desde 1983, la manuelina Torre de Belém es uno de los símbolos más reconocibles de Lisboa. Merece la pena entrar en esta torre defensiva del s. XVI para admirar su recargada decoración y ver Belém desde la cúspide.

La terraza

Tras cruzar el puente de madera desde la orilla del río hasta la **torre** *(museusemonumentos.pt; adultos/niños 8 €/gratis)* y ver su barroca decoración, quizá la planta baja decepcione con sus desnudas paredes de piedra y sus cañones. Pero la impresión mejora al subir el primer tramo de escalera (fijándose en las piedras irregulares) hasta la terraza de la 1ª planta, que es donde los visitantes pasan casi todo el tiempo, admirando el labrado de la cantería y las panorámicas de la ciudad y el Tajo.

El interior

Salvo por los magníficos pavimentos de mármol, las estancias interiores de sus cuatro plantas parecen desnudas en comparación con su exterior, pero cada una destaca por algo, principalmente la cámara real (2ª planta), por el balcón, y la capilla (4ª planta), por las altas bóvedas.

Cima de la torre

Al subir las cuatro plantas por los 93 peldaños de la escalera de caracol (empinada y estrecha) se puede descansar sentándose junto a las ventanas de cada estancia. La recompensa final son las vistas desde la terraza.

PLANO: P. 84 **B4**

CONSEJO
Visitar la torre por la mañana después del Mosteiro dos Jerónimos. Las colas avanzan rápido, pero la espera no baja de 30 min. Con poco tiempo, visitar solo la terraza de la almena.

Escanea este código QR para horarios.

★ IMPRESCINDIBLE

Mosteiro dos Jerónimos

El inmenso monasteiro de los Jerónimos es uno de los ejemplos cimeros de la arquitectura manuelina en Lisboa, imponente por sus dimensiones y decoración. Manuel I quería que representara el éxito de las exploraciones portuguesas y el previsible control luso del comercio especiero marítimo.

PLANO: P. 84 **C3**

CONSEJO
Ir en las primeras horas de la mañana, pero contando con colas de al menos 30 min. Comprar las entradas en la web para no ir hasta la taquilla.

Escanea este código QR para horarios y compra de entradas.

Claustro

Los arcos y columnas mudéjares en las dos plantas del claustro de este **monasterio** *(museusemonumentos.pt; adultos/niños 12 €/gratis)* presentan una profusa ornamentación con cuerdas, criaturas marinas (alusión a las exploraciones navales) y la esfera armilar (usada por el rey Manuel I y convertida en símbolo del imperio portugués).

En la planta baja, pasados los 12 confesionarios, una puerta ricamente decorada da paso a la **sala capitular,** con la tumba del historiador y escritor romántico Alexandre Herculano (1810-1877). El ornato interior data de fines del s. XIX, cuando se puso en boga el estilo neomanuelino. Los dos estilos, casi imposibles de diferenciar, coexisten en el mismo edificio.

Portadas

La **portada oeste,** entrada principal de la iglesia, es difícil de apreciar porque, cuando uno se acerca lo bastante para ver los detalles, la cola empieza a moverse más deprisa y se hace pasar a los visitantes al interior. Pero a la salida, si no se congrega demasiada gente y el personal no intenta conducir a los visitantes a otro sitio, se pueden pasar un par de minutos admirando la cantería. Pese a ser una entrada lateral, la **portada sur** impresiona aún más; construida por centenares de canteros

BENNY MARTY/SHUTTERSTOCK ©

y artistas durante 2 años en el s. XVI, se considera una obra maestra del gótico tardío.

La iglesia

Con una cola aparte (frente a la de quienes llevan tique) para los visitantes que solo quieren verla (gratis), la **Igreja de Santa Maria de Belém** es el resultado de varias reformas acometidas durante siglos sobre la primera edificación manuelina de columnas salomónicas decoradas con frutas, criaturas marinas y esferas armilares. Las tumbas del poeta Luís de Camões (a la derecha de la entrada) y del explorador Vasco da Gama (a la izquierda), ambos del s. XVI, los frescos del altar mayor, las vidrieras (un añadido de la década de 1940) y los suelos de mármol contrastan con las adustas paredes de piedra y los altos techos.

UNA PAUSA

Tras la visita, se pueden reponer fuerzas enfrente, en **Pastéis de Belém,** con sus pastelillos de crema recién horneados, espolvoreados con canela y azúcar.

EXPERIENCIAS

Descansar en el jardín botánico tropical

JARDÍN

PLANO: 1 P. 84 **D3**

Por detrás de Pastéis de Belém (p. 93), el **Jardim Botânico Tropical** *(museus.ulisboa.pt; adultos/niños 5 €/gratis)* es un refugio de 7 Ha con pavos reales paseándose entre la gente.

Pasada la taquilla, los visitantes pueden tomar el primer camino a la derecha, bordeado de palmeras, un lago y césped; pero los aventureros suelen preferir el de la izquierda, que conduce al jardín asiático, con altos árboles, arroyos y estanques con puentes rojos, y una zona para sentarse que parece una pagoda (algo descuidada), cerca de la salida.

Se ven árboles y plantas de todo el mundo, y bustos que representan a las poblaciones de las colonias lusas en África y Asia, instalados para la Exposición del Mundo Portugués de 1940, un fasto a mayor gloria de la dictadura; pero no se da más información sobre por qué se eligió tan peculiar "decoración".

Ver Belém desde lo alto del Padrão dos Descobrimentos

MONUMENTO

PLANO: 2 P. 84 **C4**

El enorme monumento de piedra blanca del **Padrão dos Descobrimentos** *(padraodosdescobrimentos.pt; adultos/niños 10/5 €)* se encargó durante el Estado Novo para la Exposición del Mundo Portugués de 1940 y representa la proa de una carabela con figuras de la Era de los Descubrimientos; es una obra de gran belleza, aunque su vinculación con las exploraciones marítimas entendidas como gesta grandiosa (propaganda habitual durante la dictadura) lo ha convertido en motivo de protestas y vandalismo.

Las vistas son las mejores de Belém. Las exposiciones del semisótano abordan temas como el racismo, la propaganda dictatorial y el colonialismo.

Cruzar el río hasta Trafaria

EXCURSIÓN

Para ver Belém desde la orilla sur del Tajo, un ferri (20 min) sale cada hora desde la **Estação Fluvial de Belém** (PLANO: 3 P. 84 **E4**) hasta la pequeña localidad de **Trafaria** (PLANO: 4 P. 84 **E4**; *ttsl.pt; 1,45 €*).

Al salir de la estación por el otro lado, se tuerce a la derecha hacia el camino ribereño peatonal, con pintorescas casas, restaurantes y cafés. Un muro lo separa de la playita de abajo, con barcos pesqueros fondeados en la bahía entre la playa y el muelle de Trafaria. Al tender la mirada al otro lado del río (Belém queda a la derecha) se divisan las vistas.

Visitar el último palacio real

PALACIO

PLANO: 5 P. 84 **E1**

Si las proporciones del **Palácio Nacional da Ajuda** *(palacioajuda.gov.pt; adultos/niños 8/4 €)* parecen desequilibradas al acceder al patio interior, la vista no engaña. Cuando la familia real portuguesa tuvo que exiliarse en Brasil tras la invasión francesa de 1807, la construcción se detuvo y nunca se reanudó.

Frescos, tapices, cortinajes de terciopelo y paredes con entelados de seda borran la sensación de hallarse en un palacio a medio construir. Es difícil calibrar la importancia de cada estancia, pero en cuanto a belleza, la Cámara de la Reina se lleva la palma. La seda azul cobalto que cubre las paredes (hoy descolorida y rasgada en algunos puntos) fue escogida por el rey Luís I para satisfacer los caprichosos gustos de su futura esposa, la princesa italiana Maria Pia.

Pasear por el jardín botánico de Ajuda

JARDÍN

PLANO: 6 P. 84 **D1**

Si se visita el **Jardim Botânico da Ajuda** *(isa.ulisboa.pt; adultos/niños 2/1 €)* por la mañana, es posible que se disfrute sin otra compañía que los jardineros, el personal de mantenimiento y los dos pavos reales blancos que lo habitan. Antes un jardín didáctico para los hijos del rey, la terraza superior (se accede por rampas y no por escaleras) brinda unas vistas no del todo despejadas de Belém, el Tajo y el Ponte 25 de Abril.

Pero los verdaderos atractivos son las fuentes barrocas rodeadas de setos en la terraza inferior, los altos árboles frondosos y los bancos de piedra en la superior. Lo aconsejable es hacer una visita rápida al bajar desde el Palácio Nacional da Ajuda hasta el centro de Belém.

EXPOSICIÓN DEL MUNDO PORTUGUÉS DE 1940

El Museu de Arte Popular, el Padrão dos Descobrimentos y el Jardim Botânico Tropical se construyeron para la Exposición del Mundo Portugués de 1940, organizada durante el dictatorial Estado Novo. Con ocasión del 800° aniversario de Portugal, el régimen montó una feria de las vanidades de seis meses que ocupó más de 500 000 m² en Belém: una exhibición de propaganda política disfrazada de orgullo patrio. Muchos de esos monumentos siguen transmitiendo un mensaje de grandeza sin proporcionar el debido contexto histórico.

Las joyas de la Corona del Museu do Tesouro Real MUSEO

PLANO: 7 P. 84 E1

No se concibe un espacio más idóneo para exponer las joyas de la realeza que el Palácio Nacional da Ajuda (p. 89). La trasera del edificio se clausuró, y el patio interior conduce hoy al **Museu do Tesouro Real** *(tesouroreal.pt; adultos/niños 10/7 €).*

Aunque la historia de Portugal se remonta a hace más de 800 años, solo se conservan las joyas de los dos reinados del s. XIX. Por tratarse de una colección pequeña, se dispone de más tiempo para ver cada pieza en detalle. Una de las más hermosas es el juego de tiara y collar de oro con diamantes diseñados en 1868 para la reina Maria Pia.

Ver arte contemporáneo MUSEO

PLANO: 8 P. 84 C3

Aunque el "nuevo" museo de arte contemporáneo de Belém haya pasado de llamarse Coleção Berardo a **Museu de Arte Contemporânea MAC/CCB** *(ccb.pt/macccb; adultos/niños 12 €/gratis),* la colección que le daba nombre sigue integrando una de sus secciones principales, con las mismas obras del s. XX ocupando hoy la 2ª planta, al menos hasta que se resuelva el litigio entre la fundación del empresario Joe Berardo y el Gobierno portugués.

Administrado por la CCB Foundation, este museo presenta en el semisótano una segunda exposición permanente sobre el arte de la década de 1960, con piezas de tres colecciones nuevas de la fundación. El tique sirve para visitar Garagem Sul, un antiguo garaje en el lado sur del edificio con exposiciones temporales de arquitectura.

Colección etnográfica del Museu de Arte Popular MUSEO

PLANO: 9 P. 84 C4

En 1940 fue un pabellón de la Exposición del Mundo Portugués; en 1948, el Museu do Povo (del Pueblo); y después, quizá por su origen como museo propagandístico del Estado Novo, permaneció décadas cerrado hasta su reapertu-

ARQUITECTURA MANUELINA

El gótico tardío portugués se denominó manuelino por el entonces rey Dom Manuel I [1495-1521]. Inspirada en la expansión marítima de Portugal y las tierras adonde arribaron los navegantes lusos durante la llamada Era de los Descubrimientos, la decoración de iglesias y monasterios incorporaba elementos marineros como conchas, anclas, cabos e instrumentos náuticos. Belém posee una gran concentración de estos exuberantes monumentos, construidos para ensalzar el poder y la extensión del Imperio portugués mediante estéticas ultramarinas, como la ornamentación calada común en los templos de la India.

ra en el 2016 como **Museu de Arte Popular** *(museusemonumentos.pt, adultos/niños 5 €/gratis).*

Las colecciones han mutado de un variado muestrario de artesanía, trajes típicos y aperos del Portugal rural de mediados del s. XX a una muestra permanente de cestería portuguesa y exposiciones de seis meses que suelen combinar el arte contemporáneo con el etnográfico. Los frescos de la sala principal, que loan los valores fundamentales y el trabajo honroso (impuestos por la dictadura) merecen un vistazo.

Ir a NOS Alive FESTIVAL

PLANO: 10 P. 84 **A4**

NOS Alive *(nosalive.com)* marca el punto medio ideal de los festivales musicales veraniegos en Lisboa: lejos del centro, pero lo bastante cerca para que se pueda regresar en tren o tranvía después de los conciertos. Se celebra en Algés, adonde se llega en tren desde Belém en menos de 5 min.

Este festival de tres días a mediados de julio congrega generalmente a bandas *indie* consagradas, intérpretes de *new pop* y *hip-hop,* y músicos portugueses en auge. Los reclamos más poderosos suelen ser bandas cuya música ha cautivado a varias generaciones, como Pearl Jam, Arcade Fire, Radiohead y Arctic Monkeys.

Ver una actuación en el Centro Cultural CENTRO CULTURAL

PLANO: 11 P. 84 **C4**

Con un calendario trufado de actos culturales de muy variado signo –teatro, *performances,* música–, no es difícil encontrar en la programación del **Centro Cultural de Belém** *(ccb.pt)* algo atrayente. Desde su inauguración, el punto fuerte del CCB –y los conciertos que le daban fama– había sido el *jazz* y la música clásica, pero desde el 2024 han encontrado cabida otros géneros musicales, como los que se combinan en el festival Belém Soundcheck durante cuatro días de marzo. Pese a los cambios, los conciertos orquestales de Año Nuevo el 1 de enero siguen siendo un acontecimiento sonado.

La mayor tragedia de Lisboa en Quake MUSEO

PLANO: 12 P. 84 **E3**

Aunque el Gran Terremoto y sus consecuencias se abordan en muchos lugares turísticos de la ciudad, **Quake** *(lisbonquake.com; adultos/niños 29/21 €)* es la experiencia definitiva.

Los visitantes (19 máximo, mínimo 6 años) son guiados por una serie de salas con exposiciones interactivas sobre la actividad sísmica y recreaciones a pequeña escala hasta llegar a la atracción principal: el simulador del Gran Terremoto de 1755. Los más impresionables pueden sentarse en el banco inmóvil instalado al fondo de la recreación de una iglesia, donde verán los acontecimientos sin sentir sus efectos.

Los billetes deben reservarse con antelación; hay que llegar al menos 10 min antes de la hora asignada.

Los carruajes del Museu dos Coches MUSEO

PLANO: 13 P. 84 **E3**

En un barrio famoso por sus palacios reales, el **Museu Nacional dos Coches** *(museudoscoches.gov.pt; adultos/niños 8 €/gratis)* es muy visitado por su colección de carruajes, la mayoría de los cuales perteneció a la familia real. La instalación en un espacio abierto permite caminar entre los vehículos, que abarcan tres siglos. Lo normal es pasar al menos 1 h observando los detalles.

Uno de los carruajes más famosos es el landó donde el último rey y su heredero fueron asesinados en 1908 por antimonárquicos, 2 años antes de la instauración de la Primera República portuguesa; aún se ven los balazos en la puerta.

Admirar los frescos del antiguo picadero real MUSEO

PLANO: 14 P. 84 **D3**

Cerca del Museu Nacional dos Coches, el **Antigo Picadeiro Real** *(museusemonumentos.pt/en/museus-e-monumentos/picadeiro-real; adultos/niños 5 €/gratis)* acogió el museo de carruajes hasta que la colección creció en exceso. La actual es mucho más pequeña, pero aun así merece la pena visitar el antiguo picadero real. El recorrido parte de los retratos de monarcas expuestos en la galería de la planta alta, donde pueden verse más de cerca los frescos del techo.

En la planta baja, junto a una docena de carruajes, se expone una colección de uniformes, herramientas y armas. Por lo visto, el picadero se utilizaba como campo de batalla simulado para el ejército, que hacía maniobras ante un público atraído por la argucia de presenciar unos "juegos bélicos"; era una manera inteligente de conjurar el miedo a futuras guerras. El personal del museo explica diversas anécdotas históricas.

LISBOA CARD

Los monumentos más visitados de Belém son gratuitos o de precio reducido con la **Lisboa Card** *(shop.visitlisboa.com; tarjeta 24 h adultos/niños 27/18 €)*, que incluye viajes gratis en el transporte público a/desde el barrio: tren, autobús y tranvía. Esta parte de Lisboa registra una mayor concentración de lugares de interés y de ahí la utilidad de la tarjeta. Pese a lo que dicen algunas webs extraoficiales, los titulares de la tarjeta no pueden saltarse la cola en los museos y monumentos más populares, como el Mosteiro dos Jerónimos y la Torre de Belém.

Explorar los espacios artísticos del MAAT MUSEO

Con forma de ola y revestido de azulejos blancos que reflejan la luz, el **MAAT** *(maat.pt; adultos/niños 11 €/gratis)* casi se fusiona con la orilla del río, y su terraza de acceso gratuito atrae a los curiosos por las vistas del Tajo.

Cada espacio expositivo se dirige a distintos públicos e intereses. **MAAT Gallery** (PLANO: 15 P. 84 **E3**) muestra obras de artistas contemporáneos conocidos, que rotan cada seis meses. Las instalaciones artísticas a gran escala, a menudo interactivas, ocupan la planta principal, con otras exposiciones en dos salas más pequeñas.

Al lado, en una antigua central eléctrica, **MAAT Central** (PLANO: 16 P. 84 **E3**) acoge una exposición permanente sobre la electricidad (circuitos guiados para familias los fines de semana) y Cinzeiro 8, un espacio para artistas experimentales y emergentes invitados por los conservadores del museo.

En el **MAAT Garden** (PLANO: 17 P. 84 **E3**), abierto 24 h, se montan frecuentes *performances* artísticas.

Darse un capricho en Pastéis de Belém PASTELES

PLANO: 18 P. 84 **D3**

A menos que uno llegue cuando abren (8.00), en **Pastéis de Belém** siempre hay cola, pero sus crujientes pastelillos de crema compensan la espera.

Aunque la preciosa azulejería azul y blanca de las paredes anima a quedarse más rato, puede que la ruidosa clientela rompa la concentración necesaria para decidir la cantidad de canela para espolvorear sobre el *pastel de nata* recién horneado. Lo mejor es pedir un paquete de seis *pastéis* para llevar (con bolsitas de azúcar y canela incluidas) y comérselos en otra parte antes de que se enfríen. El Jardim Vasco da Gama, al otro lado de la calle, es un buen sitio para una merienda improvisada.

¿'PASTÉIS DE BELÉM' O 'PASTÉIS DE NATA'?

¿Son los *pastéis de Belém* lo mismo que los *pastéis de nata*? Ambos son pastelillos de crema, pero solo los que se elaboran en la Antiga Confeitaria de Belém pueden llamarse *pastéis de Belém*. Esta pastelería conserva la receta secreta original, inventada en 1837 por monjes del Mosteiro dos Jerónimos. Desde entonces, han surgido incontables versiones del pastel, a veces con diferencias casi inapreciables. Hoy es raro en Portugal un café o *pastelaria* que no venda pastelillos de crema. Algunos clientes son fieles a los primigenios, mientras que otros prefieren los más mantecosos y hojaldrados de Manteigaria. A la mayoría le da igual, siempre y cuando acaben de salir del horno.

SUGERENCIAS

Lo mejor para...

Localizaciones en el plano de la **p. 84**

€ Económico €€ Medio €€€ Alto

Comer

Portuguesa tradicional

Portugália €€
19 C4
Restaurante clásico de Lisboa en medio de un lago junto al Tajo. Famoso por sus bifes, también sirve pescados y mariscos. *12.00-24.00*

O Prado €€
20 E3
Las mesas se cubren con manteles de papel para mayor rapidez y la comida llega en bandejas de acero inoxidable. Nada de florituras: solo comida. *9.00-24.00 ma-sa, hasta 17.00 do*

Desayuno y 'brunch'

MAAT Cafe & Kitchen €€
21 E3
Este restaurante de museo es ideal para el *brunch* finisemanal. *mercantina.pt/restaurantes/maat-cafe-kitchen; 11.00-18.30 lu-vi, desde 10.00 sa y do*

Augusto Lisboa €€
22 D3
Brunch todo el día con ingredientes de elaboración casera y productos sostenibles de proximidad; se recomienda el "revuelto portugués": huevos, setas, queso y chorizo asado. *instagram.com/augustolisboapt; 9.00-16.30 lu, ma, ju y vi, hasta 17.00 sa y do*

Único €€
23 C4
Este restaurante orgánico y sostenible, en el Centro Cultural de Belém (p. 91), sirve *brunch* todo el día con vistas al río; también opciones sin gluten. *instagram.com/unico_ccb; 9.00-18.00 lu-vi, desde 10.00 sa y do*

Pasteles

Pastelaria Versailles €
24 D3
La pastelería perfecta para un desayuno tranquilo antes de que llegue el gentío a los principales puntos de interés. *grupoversailles.pt; 8.00-19.00*

Pastelaria Restelo €
25 A3
Los belemitas adoran este sitio. Sus cruasanes son los mejores del barrio y merecen el desvío desde la parte ribereña de Belém. *pastelariaocareca.pt; 8.00-20.00 mi-lu*

Confeitaria Nacional €
26 B4
Esta histórica pastelería de Praça da Figueira abrió una segunda tienda en Belém, donde sus clásicos pasteles se acompañan con vistas del río. *confeitarianacional.com; 9.00-20.00*

Manteigaria €
27 D3
Sin miedo a las comparaciones, estos especialistas en *pastéis de nata* abrieron una tienda cerca de Pastéis de Belém (p. 93). *manteigaria.com; 8.00-21.00*

Cocina contemporánea

Darwin's Cafe €€€
28 A4
El restaurante mediterráneo de la Champalimaud Foundation, no lejos de la Torre de Belém (p. 85),

es famoso por sus vistas sin igual. *darwincafe.com; 12.30-1.00*

Canalha €€

29 F3

El restaurante del premiado chef João Rodrigues mezcla el ambiente hogareño de una tasca tradicional con una carta estacional de comida del bienestar portuguesa. *canalha.pt; 12.30-23.00 ma-sa*

Guelra €€

30 D3

No se sirve en toda la zona un pescado más fresco. Los platos principales son las capturas del día, maridadas con vinos portugueses de cosecha propia. *guelraott.com; 12.00-23.00*

Helados

Santini €

31 E3

Esta heladería artesanal de Cascais trajo todos sus sabores (y las franjas rojas de la marca) a un local cerca del Museu Nacional dos Coches. El Marabunta (crema y pepitas de chocolate negro) sigue siendo un clásico. *santini.pt; 12.00-22.00*

Gelato Davvero €

32 C3

La heladería del Centro Cultural de Belém (p. 91) sirve gelato italiano a la romana, con nata montada opcional. *instagram.com/gelatodavvero; 12.00-20.00 do y lu, hasta 21.00 ma-sa*

Beber

Vino

Wine with a View

33 B4

Después de localizar el motocarro rojo y beis estacionado cerca de la Torre de Belém (p. 85), ya se puede disfrutar de una relajada cata de vinos con vistas. *winewithaview.pt; 10.00-17.00*

Adega Belém Urban Winery

34 E3

Los vinateros Catarina y David abrieron esta bodega en un antiguo taller mecánico, donde ofrecen catas de vinos maridados con tapas los viernes y sábados. *adegabelem.com; 11.00-16.00 ju, hasta 19.30 vi, 11.00-13.00 sa*

Gastrobar 38° 41'

35 C4

Este bar ribereño elegante pero informal en el Altis Hotel sirve cócteles clásicos y vinos portugueses por copas. *altishotels.com; 11.00-24.00*

Comprar

Artesanía y 'souvenirs'

Toranja

36 D3

Una camiseta o una jarra con un tranvía amarillo se compran en cualquier sitio, pero en Toranja, cada pieza la diseñan artistas locales. Y no solo hay tranvías. *toranja.com; 9.00-21.30*

Centro Português de Serigrafia

37 C3

Promociona a artistas serigráficos portugueses y solo tiene una tienda, que está en el Centro Cultural de Belém (p. 91). *cps.pt; 10.00-19.00 ma-do*

Mercados

Feira Jardim Vasco da Gama

38 D3

El primer y tercer sábados del mes, artesanos y anticuarios montan sus puestos en el Jardim Vasco da Gama. Para husmear en busca de tesoros o piezas nuevas. *9.00-19.00 abr-sep, hasta 17.00 oct-mar*

Sugerencias de lugares para comer, beber y comprar en **p. 106**

Explora
Parque das Nações

La expansión de Lisboa hacia el este por la Expo 98 prolongó una línea de metro, trajo una nueva estación ferroviaria y convirtió una antigua zona industrial en el actual barrio del Parque das Nações, transformado en museo al aire libre de arquitectura vanguardista por la construcción de edificios de pisos y de oficinas y hoteles de negocios. Aunque los socavones y los bancos descascarillados denuncian el abandono de los últimos años, la parte oriental de Lisboa sigue siendo una de las zonas preferidas por las familias, en parte por la popularidad del mayor acuario de la ciudad.

Cómo desplazarse

Metro

Casi todos los visitantes llegan al este en transporte público. El viaje en la línea roja desde São Sebastião hasta Oriente dura 20 min aprox.

Tren

Lo más rápido para ir al barrio eludiendo el tráfico es tomar el tren urbano CP desde Santa Apolónia, pero fuera de la hora punta, la frecuencia se reduce.

Autobús

Los n° 728 (para en Oceanário) y n° 759 (para en Gare do Oriente) de Carris unen el centro con Oriente, pero el viaje es lento y van repletos.

Torre Vasco da Gama (p. 104).
GI CRISTOVAO PHOTOGRAPHY/SHUTTERSTOCK ©

★

LO MEJOR

MIRADOR
Torre Vasco da Gama (p. 104)

PARA NIÑOS
Oceanário de Lisboa (p. 99)

RESTAURANTE SOSTENIBLE
Sea The Future (p. 106)

MUSEO INTERACTIVO
Centro de Ciência Viva (p. 104)

PASEO JUNTO AL RÍO
Parque Ribeirinho do Oriente (p. 105)

A
B
C
D
1
2
3
4
5
6
0
500 m
PARQUE DAS NAÇÕES
Av de Boa Esperança
Av D João II
R Comandante Cousteau
Torre Vasco da Gama
Jardim Garcia de Orta
Telecabine Lisboa
R da Pimenta
Av Dom João II
R Conselheiro Lopo Vaz
Via Recíproca
Oriente
Gare do Oriente
R do Bojador
Passeio das Tágides
Alameda dos Oceanos
Rossio dos Olivais
Av Berlim
Av Infante Dom Henrique
Doca dos Olivais
Oceanário de Lisboa
Río Tajo
Av Pádua
Centro de Ciência Viva
Jardins da Água
R Centieira
R D Fuas Roupinho
Passeio do Adamastor
Passeio de Neptuno
Más información
Imprescindible p. 99
Experiencias p. 104
Comer p. 106
Beber p. 107
Comprar p. 107

★ IMPRESCINDIBLE

Oceanário de Lisboa

Durante tres décadas, el Oceanário de Lisboa ha sido la atracción más visitada del Parque das Nações, y no solo por familias con niños. ¿Quién desperdicia la oportunidad de conocer cuatro hábitats marinos y ver multitud de especies en un mismo sitio?

PLANO: P. 98 **C5**

Exposiciones temporales

Antes de la atracción estelar, la entrada para visitar el **Oceanário** *(oceanario.pt; adultos/niños 25/15 €)* incluye como prolegómenos dos exposiciones temporales, generalmente instalaciones artísticas con un mensaje concienciador sobre la conservación de los océanos y la sostenibilidad. Al cierre de edición, *Bosques submarinos,* de Takashi Amano, ocupaba la primera sala, donde lleva desde el 2015; pretende ofrecer una experiencia relajante y casi hipnótica, pero los visitantes que solo quieren ver los peces pasan por delante una y otra vez y distorsionan la perspectiva.

Desde el 2020, la segunda sala acoge *ONE,* una instalación inmersiva de películas submarinas filmadas en Portugal por la artista visual Maya de Almeida Araújo.

Océano global

El tanque central se ve en todo momento mientras se pasa de un hábitat al siguiente y, por último, al "fondo del océano" en el nivel inferior, donde se puede observar detenidamente todos los peces y fotografiar tiburones, rayas toro y peces luna.

CONSEJO

Comprar los tiques en línea; hay una cola aparte para quienes ya lo tienen. Dedicar una mañana a la visita y calcular al menos 1 h para el acuario.

Escanea este código QR para comprar entradas.

ELUDIR EL GENTÍO
El acuario central se llena de visitantes que ocupan cada centímetro y dan golpecitos en el cristal para que los peces les miren (no ven a la gente por el otro lado). Para tomarse un respiro, lo mejor es buscar un banco en las secciones laterales, menos abarrotadas.

Frailecillos y pingüinos

La emoción de niños y adultos cuando ven por primera vez frailecillos y pingüinos no tiene parangón; las aves, en cambio, muestran una total indiferencia. En el siguiente hábitat -el Antártico- los pingüinos magallánicos se inmutan aún menos, y los únicos que montan un *show* son los charranes incas que sobrevuelan las cabezas de los visitantes.

No hay que irse sin aprender los nombres de los pingüinos (uniendo los colores con el árbol genealógico en el panel informativo), su linaje e historia. El Oceanário se afana en recordar que los animales no están allí solo como espectáculo.

Nutrias marinas y peces famosos

Varias generaciones de nutrias marinas han deleitado a los visitantes en las tres últimas décadas. Estos mamíferos peludos son la atracción estelar del hábitat del océano Pacífico, donde vale la pena quedarse un tiempo antes de dirigirse al cuarto y último hábitat. Unos segundos antes de entrar, un soplo de aire húmedo indica que se ha llegado al Índico. Algunos niños echan un vistazo rápido a los peces de colores y siguen adelante, pero otros se agachan cerca de los tanques para observar al cirujano azul y al pez payaso, dos especies popularizadas por *Buscando a Nemo*.

Fondo del mar

En el nivel inferior, los visitantes suelen saltarse las salas con los acuarios más pequeños, porque es la última oportunidad de pasar algún tiempo cerca del tanque central. Los niños se sientan sobre los suelos enmoquetados lo más cerca posible del cristal, mientras los adultos procuran acomodarse en un banco frente al tanque. No es un espacio tran-

DIOGO MENDES PINTO/SHUTTERSTOCK ©

quilo (ni el resto del Oceanário), pero la energía ambiental ha decaído, quizá porque ya empieza a notarse el cansancio.

Es el momento de recordar la finalidad didáctica del acuario. En el pequeño auditorio entre las salas se proyecta el vídeo (en portugués con subtítulos en inglés) sobre el Oceanário y su misión. Los paneles informativos sobre cada especie recalcan los efectos del cambio climático en criaturas marinas al borde de la extinción y dan consejos para reducir el impacto humano.

UNA PAUSA
Para almorzar en el Oceanário, el **Restaurante Tejo** ofrece un variado bufé de cocina mediterránea, con opciones vegetarianas e infantiles.

CIRCUITO A PIE

Parque das Nações

Los oceános constituían el tema central de la Expo 98 y, por eso, las obras de arte público y los edificios del Parque das Nações, diseñados para la ocasión por arquitectos y artistas de prestigio, homenajean a los navegantes portugueses, la vida en el mar y las criaturas marinas de la mitología.

INICIO	FINAL	DURACIÓN
Gare do Oriente	Jardim Garcia de Orta	2 km; 1½ h

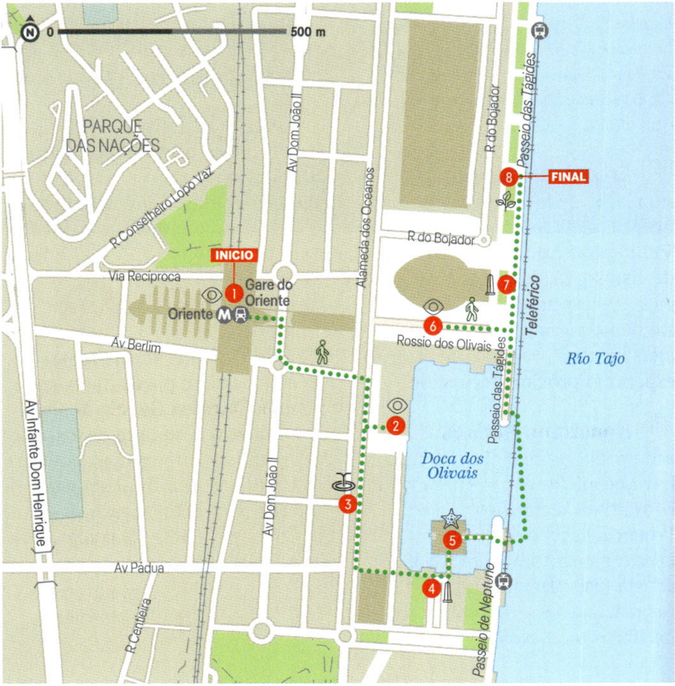

1 Estación de trenes icónica

Obra del arquitecto español Santiago Calatrava, la estructura de hierro y cristal de la **Gare do Oriente** es interpretable. Unos dicen que son árboles en un bosque, otros ven plantas submarinas. Mirándola desde el otro lado de la calle, fuera del centro comercial Vasco da Gama, cada cuál dará su versión.

2 Desafío de la gravedad

El arquitecto portugués Siza Vieira es el artífice de la cubierta del **Pavilhão de Portugal,** que hoy asombra a los visitantes igual que hace 30 años, cuando se descubrió. La estructura de hormigón reforzado parece tan ligera como la vela que evoca.

3 Erupciones refrescantes

A lo largo de la Alameda dos Oceanos, las seis fuentes cónicas de los **Vulcões de Água** están recubiertas de vistosos azulejos y lanzan agua cada 25 segundos. De camino a la siguiente parada, si está manando agua se debe preparar la cámara y esperar la próxima "erupción".

4 Monstruos marinos

Frente a la entrada del Oceanário hay que aflojar el paso para ver los **Monstros Marinhos** de Pedro Proença, hechos de *calçada portuguesa* (empedrado portugués). El artista luso plasmó a estas criaturas marinas tal como aparecen en los libros medievales.

5 Morada acuática

Con diseño del estudio de arquitectura estadounidense Peter Chermayeff, el **Oceanário de Lisboa** (p. 99) semeja una solitaria isla de hormigón y es uno de los edificios más reconocibles del barrio.

6 Contar banderas

Durante la Exposición Universal de 1998, las banderas de los 146 países participantes bordeaban el lago artificial del **Rossio dos Olivais.** En años posteriores, algunas han sido retiradas y otras sustituidas, dando fe de un mundo en continuo cambio con países que dejan de existir o ceden paso a otros nuevos.

7 Musas bañistas

En el s. XVI, el poeta épico portugués Camões concibió a las *tágides,* ninfas mitológicas que viven en el Tajo. Cuatro siglos después, el escultor portugués João Cutileiro les dio forma en las estatuas de mármol del **Lago das Tágides.**

8 Jardín botánico urbano

Lo mejor que se puede hacer en el ribereño **Jardim Garcia de Orta** es sentarse a la sombra de los árboles traídos de otros países, admirar las vistas y ver los funiculares cruzar el cielo, con la torre Vasco da Gama y el Ponte Vasco da Gama como trasfondo.

EXPERIENCIAS

Divertirse aprendiendo en el Centro de Ciência Viva MUSEO

PLANO: 1 P. 98 C5

En el **Centro de Ciência Viva** *(pavconhecimento.pt; adultos/niños 14 €/gratis)* se anima a los niños a tocar las piezas. Las exposiciones temporales ocupan el espacio abierto de la planta baja y rotan cada año, aprox.

En la sala Dòing, por detrás, se puede participar en un taller para construir robots, herramientas o circuitos eléctricos. Con poco tiempo, lo mejor es llevar a los niños a las salas de la 1ª planta, donde aprenden los rudimentos de la física (Explora), estudian los peces de colores y los ven después nadando en un océano virtual (Fishanário), o queman energías en distintas actividades circenses (Tcharan). Es preciso hablar con uno de los monitores para montar en la bicicleta voladora, una manera de verificar la ley de la gravedad a 6 m sobre el suelo, con la tranquilidad que da una red. Antes de salir, el panel digital entre Explora y Fishanário muestra una lista de científicas portuguesas.

Ver Lisboa oriental desde lo alto de la torre Vasco da Gama MIRADOR

PLANO: 2 P. 98 D3

Cerrado por una cúpula transparente, el mirador a 145 m de altura de la **torre Vasco da Gama** *(vascodagamatower.com; adultos/niños 10/5 €)* ofrece las mejores vistas de Lisboa oriental. Escaneando los códigos QR de la ventana se puede saber más sobre los edificios a la vista, como el Ponte Vasco da Gama, la Gare do Oriente y el Oceanário.

Solo hay que elegir una panorámica, sentarse y disfrutar de las vistas.

Divertirse a orillas del Tajo en Rock in Rio FESTIVAL

PLANO: 3 P. 98 D1

Dos fines de semana de junio, **Rock in Rio** *(rockinriolisboa.pt)* transforma el extremo norte del Parque Tejo en la Ciudad del Rock,

EL MEJOR MOMENTO

Durante cuatro meses de 1998, todos los caminos de Portugal conducían al nuevo Parque das Nações, porque la Expo 98 insufló vida a esta zona hasta entonces abandonada. Hoy, a los lisboetas aún les gusta venir a este parque urbano, que por el día cobra vida con los turistas, familias y empleados de las oficinas. Pero después del horario laboral, el lugar empieza a dar sensación de "vacío" y el visitante quizá no se sienta tranquilo en zonas ribereñas más allá del centro comercial Vasco da Gama.

con múltiples escenarios, noria gratuita, puestos de comida y muchas actividades para que nadie se aburra entre los conciertos. Este festival nacido en Río se celebra en años pares alternos con un programa muy variado –desde los artistas pop de moda hasta bandas de *rock* clásicas–, dirigido a todas las generaciones de aficionados a la música.

Montar en Telecabine Lisboa

TELEFÉRICO

PLANO: 4 P. 98 **D2**

El único teleférico de Lisboa, **Telecabine Lisboa** *(telecabinelisboa.pt; ida y vuelta adultos/niños 9,50/6,50 €)*, hace furor desde que entró en servicio. Es una manera magnífica de atajar la caminata de 2 km entre el Oceanário (p. 99) y la torre Vasco da Gama, especialmente en días calurosos, pero también permite ver desde arriba los edificios modernos del Parque das Nações.

En cada cabina caben ocho personas, pero si se prefiere hacer el corto trayecto sin compañía o si se está con un grupo pequeño, los empleados que ayudan con las entradas y salidas suelen mostrarse complacientes. Las cabinas se bambolean un poco en días ventosos.

Caminar por el Parque Ribeirinho do Oriente

PARQUE

PLANO: 8 P. 98 **C6**

El **Parque Ribeirinho do Oriente,** en el este de Lisboa, se inauguró en el 2020 y se extiende 1 km aprox. entre el Parque das Nações (Jardim do Neptuno) y Marvila (Doca do Poço do Bispo). El río se puede bordear a pie o en bicicleta (al principio se atraviesa una zona industrial con poco tráfico), parando para ver obras de arte urbano o tomar algo en los cafés y quioscos ribereños. Lo mejor es ir por la mañana, porque esta parte de la ciudad, oscura y con muchos edificios en construcción, inspira poca seguridad.

MEJORES JARDINES PARA NIÑOS

Jardins da Água

PLANO: 5 P. 98 **C5**

Más allá del Oceanário, es un bálsamo en días de calor. Las piedras del lago son muy resbaladizas. El agua llega por el tobillo.

Jardim Garcia de Orta

PLANO: 6 P. 98 **D2**

En la imaginación febril de los niños, este jardín botánico (p. 103) puede ser una jungla con árboles altos o un bosque encantado con caminos de madera sobre los arroyos. El jardín cercado es magnífico para que se desfoguen.

Jardins do Tejo

PLANO: 7 P. 98 **D1**

Este parque urbano es como una sucesión de jardincitos; a los niños les encanta el del extremo norte.

SUGERENCIAS

Lo mejor para...

€ Económico €€ Medio €€€ Alto

Localizaciones en el plano de la **p. 98**

Comer

Comidas en familia

D'Bacalhau €€
9 D3
El bacalao salado es la estrella, pero también sirve platos vegetarianos. El menú infantil trae hamburguesas, palitos de pescado y una versión mini del *bacalhau à brás* (revuelto con cebolla, huevo y patatas). *restaurantebacalhau.com; 12.00-16.00 y 19.00-23.00*

Sea The Future €
10 C5
El restaurante del Oceanário (p. 99) sirve platos estacionales (también vegetarianos) con ingredientes de proximidad para reducir su huella de carbono. La comida puede maridarse con café orgánico o una Ocean Beer vegana. *gruposushicafe.pt/sea-the-future; 10.00-19.00*

Desayuno y 'brunch'

Portela Cafés €
11 C2
Cadena de cafeterías con ambiente de café de barrio. El aroma a café recién hecho invita a entrar. Para probar un desayuno portugués hay que pedir el combinado Portela. *portelacafes.pt; 7.00-20.00 lu-vi, 8.00-19.00 sa y do*

A Taça Café €
12 C1
Los menús de *brunch* de este restaurante de fusión junto al río combinan lo mejor de las cocinas occidental y marroquí. Se aconseja reservar. *8.30-2.30 do, ma y mi, hasta 19.00 ju-sa*

Portuguesa

Fifty Seconds €€€
13 D2
Pequeño restaurante con una estrella Michelin en lo alto de la torre Vasco da Gama (p. 104). Los tres menús degustación del chef Rui Silvestre reflejan sus raíces portuguesas, mozambiqueñas e indias. *fiftysecondsexperience.com; 19.00-21.00 ma-sa*

Cantinho do Avillez €€
14 D3
Restaurante de fusión del chef José Avillez que está reinventando los platos portugueses con ingredientes internacionales. El menú del almuerzo consta de entrante, principal, bebida, postre y café. *cantinhodoavillez.pt; 12.30-15.00 y 19.00-23.00 lu-vi, 12.30-23.00 sa, hasta 22.00 do*

Casa Bota Feijão €€
15 B3
Los lisboetas vienen por su especialidad, *leitão à Bairrada* (cochinillo asado), y ni piden la carta. Se aconseja reservar. *12.00-15.00 lu-vi*

Abacalhoar €€
16 C1
El bacalao reina en este pequeño restaurante lejos del centro del barrio, pero no faltan un par de platos vegetarianos. *facebook.com/RestauranteAbacalhoar; 12.00-23.00 ma-sa, hasta 17.00 do*

Hamburguesas y 'pizza'

Honorato Rio €€

17 C4

Cadena especializada en hamburguesas artesanas, también vegetarianas. *honorato.pt; 12.00-24.00*

ZeroZero €€

18 C4

Muchas *pizzas*, desde la clásica margarita hasta especialidades estacionales con higos y jamón, y versiones vegetarianas. Para los niños, menú con pasta o *pizza* pequeña. *pizzeriazerozero.pt; 12.00-24.00*

Luzzo €€

19 C1

Cadena con *pizzas* al estilo romano y napolitano, opciones vegetarianas y menú infantil. *pizzarialuzzo.pt; 12.00-15.00 y 19.00-22.30 lu-ju, 12.00-22.30 vi-do*

Beber

Cerveza artesanal

Fábrica Oitava Colina

20 A5

Cerca de la estación de metro Cabo Ruivo, es una de las cerveceras artesanas más antiguas de Lisboa, donde pueden probarse las nuevas o la Urraca, de perenne popularidad. *oitavacolina.pt; 17.00-22.00 mi y ju, hasta 23.00 vi*

Sailors Bar

21 C6

Bar de informal con vistas al río, terraza y una buena selección de cervezas artesanas embotelladas portuguesas y extranjeras, y cócteles clásicos. *instagram.com/sailors_bar; 15.00-2.00 ma-sa, hasta 24.00 do*

Irish & Co

22 D2

Animado *pub* con alma irlandesa y corazón lisboeta, ideal para las noches en que apetece una pinta con vistas. *irishco.pt; 12.00-2.00 do-ju, hasta 3.00 vi y sa*

Bebidas con vistas

Bliss Bar

23 D6

Bar informal cerca del puerto deportivo con terraza, perfecta para noches cálidas. La cerveza o el cóctel pueden maridarse con *petiscos*. *instagram.com/blissbarexpo; 14.00-2.00*

Babylon 360°

24 D2

En el bar de la azotea de la torre Vasco da Gama (p. 104), las vistas se acompañan con cócteles inspirados en especias y sesiones de DJ. El atuendo debe ser informal pero sin desaliño (nada de chanclas). *vascodagamatower.com; 18.00-24.00 do-mi, hasta 2.00 ju-sa*

Esplanando

25 D1

Este café ribereño con actos culturales ocasionales solo sirve productos 100% portugueses. Muy popular para tomar copas y picotear con vistas; y admite mascotas. *esplanando.com; 12.00-19.30 lu-vi, desde 9.00 sa y do*

Comprar

Juguetes

Loja do Centro de Ciência Viva

26 C5

La tienda de Ciência Viva, con un amplio surtido de juguetes educativos y libros para niños. *loja.pavconhecimento.pt; 10.00-18.00 lu-vi, hasta 19.00 sa y do*

Tienda del Oceanário de Lisboa

27 C5

Juguetes de peluche, ropa y bolsas de producción sostenible en la tienda oficial del acuario. *oceanario.pt; 10.00-20.00*

CIRCUITO A PIE

De Beato a Marvila

Esta ruta revela el futuro de Lisboa. Cuando el centro se encareció, los hípsters se dirigieron al este, y Marvila y Beato se volvieron vanguardistas, creativos e innovadores. Marvila concentró las galerías de arte, *taprooms* de cerveza artesana y naves industriales reformadas, Beato optó por la tecnología.

INICIO	FINAL	DURACIÓN
Hub Criativo do Beato	Fábrica de Braço de Prata	2 km; 1 h

1 Fábrica de unicornios

La ruta parte del **Beato Innovation District,** un lugar prometedor para el futuro de Lisboa desde que la capital se convirtió en sede de la cumbre tecnológica anual Web Summit. Se almuerza (ligero) en A Praça, con café, bar de vinos, panadería y mercado ecológico.

2 Cena y espectáculo

Nada es predecible en esta parte de la ciudad, y la gente acude en busca de lo inesperado. Un pequeño desvío conduce al **Palácio do Grilo,** una antigua propiedad particular de 300 años convertida en restaurante, donde la cena es todo menos tranquila. Las actuaciones se suceden y los clientes forman parte del espectáculo.

3 Arte y cerveza artesanal

Tras un largo tramo de calles industriales con restaurantes baratos para obreros, se gira a la izquierda por Rua José Domingos Barreiros y a la derecha por Rua Capitão Leitão. En esta manzana entre Beato y Marvila abundan las galerías de arte y las fábricas y *taprooms* de cerveza artesana, muy identificadas con el barrio. Cabe parar en **Dois Corvos Taproom** para probar una de sus cervezas artesanas de grifo.

4 La calle del Azúcar

Se da una vuelta por la manzana y se regresa a Rua do Açúcar. Aquí se establecieron casi todas las industrias lisboetas del s. XIX, y la calle toma nombre de una antigua azucarera. Las viejas naves acogen hoy cafés y restaurantes. En una de ellas, al final de la calle, se ha instalado el museo interactivo **Ah Amália,** dedicado a la fadista más conocida de Portugal.

5 Escenario de rodajes

La nave industrial más famosa de Marvila es una estrella de cine. El edificio con fachada *art nouveau* era una farmacia en la película *Tren de noche a Lisboa;* hoy forma parte de **8 Marvila,** el foco cultural, centro comercial y zona de restauración más de moda en el barrio.

6 Primer centro de cultura

La **Fábrica de Braço de Prata,** última parada de la ruta, es un regreso a los inicios del renacimiento artístico de Marvila, porque nació como centro cultural independiente y alternativo, abierto a todo el mundo y sin afán lucrativo. La antigua fábrica de municiones ofrece una programación regular de conciertos, exposiciones y talleres.

Sugerencias de lugares para comer, beber y comprar en **p. 123**

Explora Marquês de Pombal, Rato y Saldanha

Las vías peatonales de la arbolada Avenida da Liberdade incitan al paseo desde fines del s. XIX. Hoy son ideales para admirar edificios *art nouveau*, *boutiques* caras y teatros antiguos. Al término del s. XIX, Lisboa se extendió al norte de Marquês de Pombal, y las Avenidas Novas (Saldanha y siguientes) destacan por sus calles bien trazadas, plazas, jardines y buen transporte. Por el oeste, Rato es un conjunto de calles con mucho tráfico y algunos rincones tranquilos para respirar.

Cómo desplazarse

Metro
Es el modo más rápido de moverse. Las estaciones principales son Rato (línea amarilla), Marquês de Pombal (amarilla y azul), São Sebastião (roja y azul) y Saldanha (amarilla y roja).

A pie
Es fácil desplazarse a pie por zonas bastante llanas, como Marquês de Pombal y Saldanha. Se puede ir andando hasta Rato, pero cuesta arriba.

Bicicleta
Los carriles-bici de Saldanha son de los mejores de Lisboa. Alquiler una Gira durante 45 min cuesta 2 €.

Marquês de Pombal.

LO MEJOR

MUSEO
Centro de Arte Moderna (p. 114)

MIRADOR
Jardim Amália Rodrigues (p. 119)

ACTOS CULTURALES
Jardins do Bombarda (p. 118)

JARDÍN
Jardim Botânico de Lisboa (p. 121)

ARQUITECTURA MODERNISTA
Igreja de Nossa Senhora do Rosário de Fátima (p. 119)

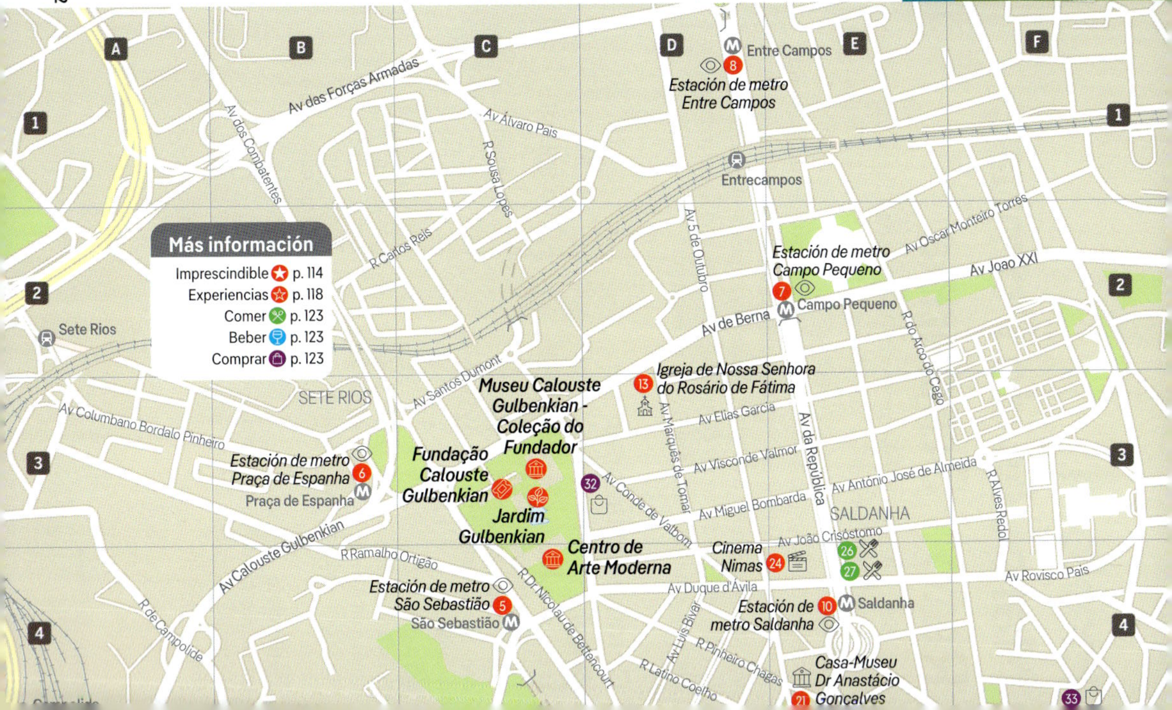
Más información
Impresscindible p. 114
Experiencias p. 118
Comer p. 123
Beber p. 123
Comprar p. 123
Entre Campos
8 Estación de metro Entre Campos
Entrecampos
7 Estación de metro Campo Pequeno
Campo Pequeno
13 Igreja de Nossa Senhora do Rosário de Fátima
Museu Calouste Gulbenkian - Coleção do Fundador
Fundação Calouste Gulbenkian
Jardim Gulbenkian
Centro de Arte Moderna
6 Estación de metro Praça de Espanha
Praça de Espanha
5 Estación de metro São Sebastião
São Sebastião
24 Cinema Nimas
10 Estación de metro Saldanha
Saldanha
21 Casa-Museu Dr Anastácio Gonçalves
Sete Rios
SETE RIOS
SALDANHA
Av das Forças Armadas
Av dos Combatentes
Av Álvaro Pais
R Sousa Lopes
R Carlos Reis
Av 5 de Outubro
Av Oscar Monteiro Torres
Av Joao XXI
Av de Berna
R do Arco do Cego
Av Santos Dumont
Av Columbano Bordalo Pinheiro
Av Elias Garcia
Av Marquês de Tomar
Av Visconde Valmor
Av da República
Av António José de Almeida
R Alves Redol
Av Miguel Bombarda
Av Conde de Valbom
Av João Crisóstomo
Av Calouste Gulbenkian
R Ramalho Ortigão
R Dr Nicolau de Bettencourt
Av Duque d'Ávila
Av Rovisco Pais
Av Luís Bivar
R Pinheiro Chagas
R Latino Coelho
R de Campolide

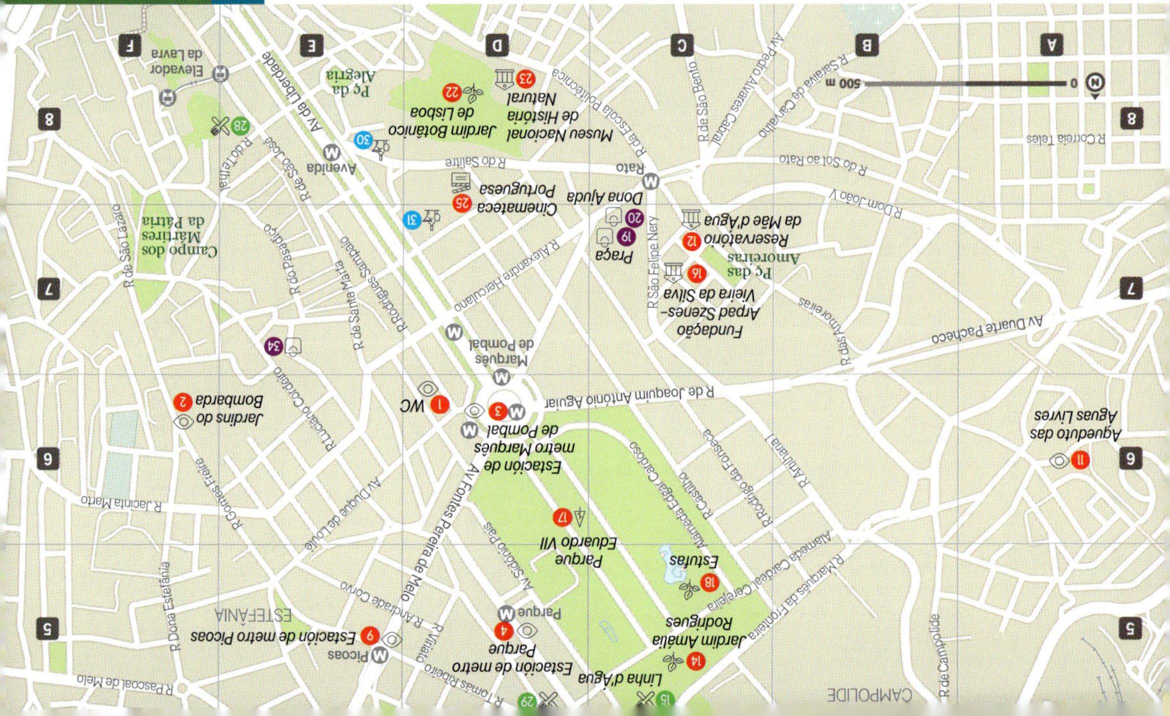
Jardins do Bombarda
WC
Estación de metro Marquês de Pombal
Marquês de Pombal
Estación de metro Parque
Parque
Estación de metro Picoas
Picoas
ESTEFÂNIA
Parque Eduardo VII
Estufas
Jardim Amália Rodrigues
Linha d'Água
CAMPOLIDE
Aqueduto das Águas Livres
Fundação Arpad Szenes-Vieira da Silva
Pç das Amoreiras
Reservatório da Mãe d'Água
Praça
Dona Ajuda
Rato
Cinemateca Portuguesa
Museu Nacional de História Natural
Jardim Botânico de Lisboa
Pç da Alegria
Avenida
Elevador da Lavra
Campo dos Mártires da Pátria
Av da Liberdade
R de São Lázaro
R do Telhal
R de São José
R do Passadiço
R de Santa Marta
R Rodrigues Sampaio
R Alexandre Herculano
R do Salitre
R da Escola Politécnica
R de São Bento
Av Pedro Álvares Cabral
R Saraiva de Carvalho
R Correia Teles
R do Sol ao Rato
R Dom João V
R São Felipe Nery
R das Amoreiras
Av Duarte Pacheco
R de Joaquim António Aguiar
R Artilharia 1
R Rodrigo da Fonseca
R Castilho
Alameda Edgar Cardoso
Alameda Cardeal Cerejeira
R Marquês da Fronteira
R de Campolide
Av Sidónio Pais
Av Fontes Pereira de Melo
Av Duque de Loulé
R Luciano Cordeiro
R Gomes Freire
R Jacinta Marto
R Dona Estefânia
R Pascoal de Melo
R Andrade Corvo
R Viriato
R Tomás Ribeiro
500 m
A
B
C
D
E
F
5
6
7
8

★ IMPRESCINDIBLE

Fundação Calouste Gulbenkian

La Fundação Calouste Gulbenkian es un centro de la cultura y un parque urbano muy querido por los lisboetas. Sus dos museos exponen las colecciones artísticas más valiosas de Portugal, reunidas por el armenio que da nombre a la fundación.

PLANO: P. 112 **C3**

CONSEJO
La fundación ocupa medio día. Las mañanas de entre semana son más tranquilas. Tras los incidentes con activistas climáticos, ya no se permiten botellas de agua. Las pertenencias se dejan en la consigna gratuita.

Escanea este código QR para obtener la audioguía del museo.

5000 años de obras maestras

La visita al **Museu Calouste Gulbenkian,** con la colección privada de la **fundación** *(gulbenkian.pt)*, puede durar un par de horas. La mayoría de la gente pasa deprisa por las dos primeras secciones (arte egipcio y grecorromano), con menos piezas que el resto del museo. Después, los tapices y la cerámica de las colecciones de arte islámico oriental, armenio y de Extremo Oriente concitan más atención.

Es en la gran sección dedicada al arte europeo donde los visitantes pierden la noción del tiempo, fotografían obras maestras de pintores como Rubens y Degas (salas 6 y 10), o se acercan para admirar las joyas diseñadas por René Lalique (sala 11).

Arte contemporáneo y moderno

La pared acristalada del vestíbulo del renovado **Centro de Arte Moderna** da una cálida bienvenida a los visitantes antes de que pasen al interior. Es lo que pretendían el arquitecto Kengo Kuma y el paisajista Vladimir Djurovic, porque el museo se fusiona con el jardín sur.

La Galeria da Coleção es la principal y acoge exposiciones rotatorias de la colección permanente del CAM, con casi 12 000 obras de arte. Otras salas más pequeñas, como el Espaço Projeto y la Sala de

STOCKPHOTOSART/GETTY IMAGES ©

Som, se reservan para arte experimental, exposiciones temporales y *performances*.

Relax en el jardín

El **Jardim Gulbenkian** ofrece brisa fresca en verano y un ambiente acogedor cuando hace más frío. Quienes lo visitan con mayor frecuencia son las familias y los estudiantes de las universidades cercanas. Lo ideal es traer un libro o el pícnic y relajarse en compañía de las aves (pero sin dar comida a los patos).

El propósito de los arquitectos paisajistas Gonçalo Ribeiro Telles y António Viana Barreto cuando diseñaron el jardín era construir un refugio verde en la ciudad, con diversidad de plantas y árboles en aparente desorden, para disfrute de las personas y de las aves que lo escogieran como morada.

UNA PAUSA
Se puede tomar un helado artesano o un café en el **Restaurante Ice Gourmet,** mejor en los sillones rojos junto a la ventana, con vistas al jardín.

CIRCUITO A PIE

Marquês de Pombal

Con parques, jardines, museos, arte urbano, tiendas de lujo y teatros antiguos, la ruta por este barrio elegante, pero con espíritu artístico, descubre sorpresas, episodios de la Lisboa moderna y las historias que subyacen en los rasgos arquitectónicos y los artistas que han moldeado la ciudad.

INICIO	FINAL	DURACIÓN
Parque Gonçalo Ribeiro Telles	Praça da Alegria	3,5 km; 1½ h

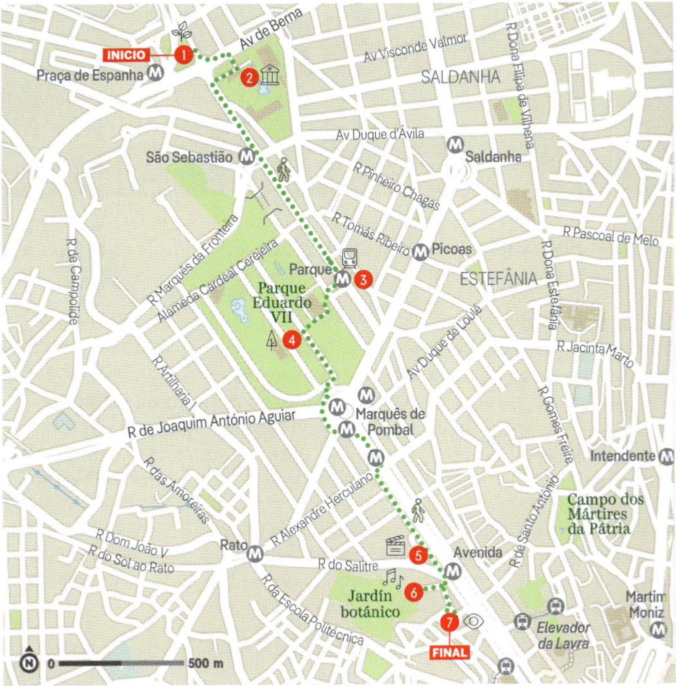

1 Maquillaje verde

El proyecto final del arquitecto paisajista Gonçalo Ribeiro Telles (1922-2020) transformó un aparcamiento y terminal de autobuses en el **Parque Gonçalo Ribeiro Telles,** con carriles-bici, parques infantiles y césped.

2 Corazón refinado

Conviene disfrutar de los jardines de la Fundação Calouste Gulbenkian (p. 114) antes de ir a la **Avenida António Augusto de Aguiar,** donde predomina el estilo arquitectónico promovido por el Estado Novo (la dictadura desde 1933 hasta 1974) y denominado *português suave* (p. 120): líneas rectas, tejados de terracota, y balcones y puertas de forja.

3 Arte en el metro

Keil do Amaral (1910-1975) diseñó la **estación de metro Parque,** y la pintora modernista Maria Keil (1914-2012) decoró su interior con paneles de azulejos; antes de los tornos de validación, pueden verse sus típicos motivos geométricos. El estilo influyó en el futuro metro de Lisboa, y hoy todas las estaciones muestran obras de artistas portugueses.

4 Parque urbano

Se sube hasta el **Parque Eduardo VII,** con praderas de césped y caminos con *calçada portuguesa*. La Avenida da Liberdade se extiende hacia al sur desde la estatua del Marqués de Pombal (1934), artífice de la reconstrucción de Lisboa tras el terremoto de 1755.

5 Bulevar rico

La ancha **Avenida da Liberdade** es la calle más cara de Lisboa, bordeada de tiendas de lujo y restaurantes finos. El **Cinema São Jorge,** inaugurado en 1950, evoca una época en que los lisboetas se acicalaban para ir a ver una película.

6 Antiguo distrito de los teatros

Los censores del Estado Novo escudriñaban todas las películas, obras teatrales y libros. Los teatros de revista se libraban hasta cierto punto, montando musicales con libretos ingeniosos en el **Parque Mayer,** barrio que es hoy como un museo al aire libre, con el Cineteatro Capitólio aún en funcionamiento.

7 Pavimento de artistas

El pavimento de la Praça da Alegria ostenta los nombres de las máximas figuras del teatro portugués, antiguas y actuales. El **Passeio da Fama** es la versión lisboeta del Hollywood Walk of Fame, pero con *calçada portuguesa*.

EXPERIENCIAS

Arte en WC
CENTRO DE ARTE

PLANO: 1 P. 112 **D6**

Las galerías de arte suelen reutilizar edificios u organizar actos en lugares insólitos, y eso es lo que hizo el Ayuntamiento con unos baños públicos en desuso cerca de Marquês de Pombal cuando los destinó a exposiciones y conciertos esporádicos.

WC es un espacio cultural minúsculo (pero no claustrofóbico) y gratuito bajo el Jardim Camilo Castelo Branco, sin las instalaciones de unos aseos. Como no tiene web, es difícil saber la programación, pero el cubo anunciador del jardín informa de los actos, que abarcan desde exposiciones hasta conciertos. Es costumbre invitar a artistas tanto noveles como consagrados.

Cultura en los Jardins do Bombarda
CENTRO CULTURAL

PLANO: 2 P. 112 **F6**

El proyecto comunitario **Largo Residências** *(largoresidencias.com)* aprovechó los jardines del antiguo hospital psiquiátrico Miguel Bombarda, cerrado y casi abandonado desde el 2011. Con el sencillo nombre de **Jardins do Bombarda,** este centro cultural gratuito se inauguró en el 2024 y tardó en arrancar, pero hoy ofrece una variada programación de talleres, conciertos y exposiciones.

El complejo cuenta con tienda, cafetería, restaurante y talleres para residencias de artistas. Por detrás se extienden los Jardins Românticos, con mesas de madera, bancos, sillas y un huerto comunitario. Un letrero insta a no usar dispositivos electrónicos y disfrutar de la naturaleza.

El **Bazar Bombarda,** un mercadillo mensual de productos ecológicos, sostenibles y artesanales, es uno de los muchos proyectos comunitarios que acoge este espacio.

Estaciones con azulejos de Maria Keil
ARTE PÚBLICO

Todas las estaciones de metro lisboetas están decoradas con piezas artísticas únicas, y los azulejos son la marca de la casa, lo que se debe a la visionaria pintora Maria Keil (1914-2012).

Su marido fue el arquitecto que diseñó las primeras estaciones en 1959. Negándose a que sus interiores se limitaran a cemento y paredes desnudas cuando se le impusieron recortes presupuestarios, a Keil se le ocurrió decorar las estaciones con azulejos, frente a las voces críticas que le decían que trabajar con materiales tan baratos (los azulejos se usaban entonces para alicatar baños) era impropio de una artista seria.

Keil se asoció con la fábrica Viúva Lamego y diseñó la azulejería decorativa de nueve estaciones, casi todas en este barrio: **Marquês de Pombal** (PLANO: 3 P. 112 **D6**), **Parque** (PLANO: 4 **D5**), **São Sebastião** (PLANO: 5 **C4**) y **Praça de Espanha**

(PLANO: 6 B3) en la línea azul; y **Campo Pequeno** (PLANO: 7 E2), **Entre campos** (PLANO: 8 D1), **Picoas** (PLANO: 9 E5) y **Saldanha** (PLANO: 10 E4) en la amarilla. Después, todas las estaciones de metro lisboetas exhibieron obras de artistas portugueses.

Rastrear la historia del acueducto ARQUITECTURA

La sección de Campolide del **Aqueduto das Águas Livres** (PLANO: 11 P. 112 A6) es la más visitada (en parte, por los asesinatos en serie cometidos aquí por Diogo Alves a fines de la década de 1830), pero es acercándose a los arcos del **Reservatório da Mãe d'Água** (PLANO: 12 P. 112 C7; *adultos/niños 4 €/ gratis*) en Rato como se aprecian las dimensiones de esta colosal construcción del s. XVIII, en desuso desde 1968, que transportó agua potable hasta las 30 fuentes públicas de Lisboa durante casi dos siglos.

Los circuitos guiados del **Museu da Água** (*facebook.com/museuagua; 18 €*) siguen la antigua conducción de agua desde el Parque Florestal de Monsanto hasta el Miradouro de São Pedro de Alcântara.

Modernistas portugueses en la Igreja Nossa Senhora de Fátima IGLESIA

PLANO: 13 P. 112 D3

El prolífico artista Almada Negreiros (1893-1970) cultivó varios géneros y fue el cofundador del modernismo portugués, junto con Fernando Pessoa. Buena parte de su obra se halla dispersa por Lisboa, sobre todo en museos y colecciones particulares; pero uno de los lugares menos conocidos es la **Igreja de Nossa Senhora do Rosário de Fátima** (*paroquiansrfatima.com; gratis*), una edificación de 1938 con vidrieras y mosaicos de Negreiros.

Aquí se disfruta de la tranquilidad entre obras de algunos de los artistas más eminentes de la época, como *Cristo en la Cruz* de Barata Feyo. Durante las misas, hay que extremar el respeto.

Relajarse en el Jardim Amália Rodrigues JARDÍN

Con el nombre de la fadista más famosa de Portugal y trazado por Gonçalo Ribeiro Telles (uno de los arquitectos de los premiados jardines de la Fundação Calouste Gulbenkian; p. 114), el **Jardim Amália Rodrigues** (PLANO: 14 P. 112 C5) brinda una de las mejores vistas del barrio. Al norte del Parque Eduardo VII, el anfiteatro del jardín ofrece anchas panorámicas de la Avenida da Liberdade, con el Tajo al fondo.

Como conservacionista que era, Ribeiro Telles siempre tenía en cuenta la coexistencia del ser humano y la naturaleza cuando diseñaba un jardín. Los árboles y otras plantas elegidas son endémicos y están adaptados al clima portugués. El lago artificial en el centro atrae clientes –y a algunos patos del vecino Gulbenkian– al cercano café **Linha d'Água** (PLANO: 15 P. 112 **C5**).

Un museo en una antigua fábrica de seda

MUSEO

PLANO: 16 P. 112 **C7**

Lejos de los principales puntos de interés del barrio, el pequeño museo de la **Fundação Arpad Szenes-Vieira da Silva** *(fasvs.pt; adultos/niños 7,50 €/gratis)*, no lejos de la estación Rato, estudia la vida y obra de la lisboeta Maria Helena Vieira da Silva y su marido, Arpad Szenes. Antes de los tornos de validación de la estación pueden verse dos paneles de azulejos, uno frente a otro, que representan una pintura de cada artista.

Vieira da Silva escogió la antigua fábrica de seda frente al Jardim das Amoreiras para instalar un museo con sus obras, y quiso conservar las paredes desnudas y el minimalismo de aquel espacio industrial para concentrar la atención en el arte.

Pasear por el Parque Eduardo VII

PARQUE

PLANO: 17 P. 112 **D6**

Desde el mirador de su extremo norte, se ve cómo el cuidado césped en el centro del **Parque Eduardo VII** contrasta con las secciones laterales, arboladas y con suaves laderas, ideales para sentarse con un libro o tomar el sol. El parque se extiende hacia abajo y parece solaparse con Marquês de Pombal y la Avenida da Liberdade hasta llegar al Tajo. Al pasear por los caminos de *calçada portuguesa,* hay que tener cuidado con las piedras sueltas y los resbalones.

Con los años, este parque urbano ha ganado más popularidad como escenario para grandes acontecimientos que como uno de los jardines más bonitos de Lisboa. La anual **Feira do Livro de Lisboa** congrega a editores grandes e independientes y atrae a los lectores con firmas de autores, presentaciones y conciertos.

'PORTUGUÊS SUAVE'

La expansión de Lisboa hasta las Avenidas Novas en la década de 1930 siguió a la austeridad estética auspiciada por el Estado Novo, en la que la función primaba sobre la forma y la decoración trasmitía un mensaje político. La dictadura lo llamó "portugués genuino", pero los arquitectos, mofándose de su falta de creatividad, lo denominaron "português suave". El nombre era un insulto, pero caló. Los edificios parecen de mediados del s. xx (líneas rectas, paredes de colores), pero con sutiles detalles tradicionalistas. Las tejas y veletas de terracota evocan el campo, y los elementos de forja recuerdan la época medieval, cuando Portugal se convirtió en nación.

Un mar de verdor en las Estufas JARDÍN

PLANO: 18 P. 112 **C5**

El tranquilo oasis verde junto al Parque Eduardo VII no estaba previsto cuando surgió en el s. XIX, pero hoy no se concibe Lisboa sin las **Estufas** *(estufafria.lisboa.pt; adultos/niños 3,50 €/gratis)*, donde cualquiera puede perderse entre todas las plantas imaginables, a resguardo de la ciudad.

Hay que elegir el ambiente ideal: la fresca y agradable Estufa Fria, la cálida y perfumada Estufa Quente o la más pequeña Estufa Doce (con plantas suculentas). O echar a caminar por los senderos de grava y escanear los códigos QR para conocer detalles sobre las plantas que despierten la atención. Los bancos dispersos invitan a la pausa.

Comprar para ayudar VINTAGE

Nunca se sabe lo que podría encontrarse en estas dos tiendas donde todos los artículos proceden de donaciones y los beneficios financian programas sociales y ayudan a ONG locales.

Praça (PLANO: 19 P. 112 **C7**; *facebook.com/p.r.a.c.a.rato*), la tienda grande en el antiguo Mercado do Rato, vende muebles, libros, revistas y postales de segunda mano, con pequeñas secciones dedicadas a DVD, VHS, CD y vinilos, así como juguetes usados. Al lado, **Dona Ajuda** (PLANO: 20 P. 112 **C7**; *donaajuda.pt*) vende, sobre todo, ropa y complementos.

Casa-Museu Dr. Anastácio Gonçalves MUSEO

PLANO: 21 P. 112 **E4**

Es imposible pasar por alto la **Casa-Museu Dr. Anastácio Gonçalves** *(bilheteira.museusemonumentos.pt; adultos/niños 5 €/gratis)*, una construcción *art nouveau* que destaca entre los edificios modernos de Saldanha. Esta casa de principios del s. XIX bien conservada, antes propiedad del pintor afincado en Lisboa José Malhoa, encierra una impresionante colección de muebles, objetos decorativos y obras de arte de Malhoa, Columbano Bordalo Pinheiro y Silva Porto.

El personal guía con por la casa, pero su exceso de celo puede incomodar al visitante; tampoco meten prisa para sacar a nadie de una sala, y si se entabla conversación sobre una pieza, comparten todo lo que saben.

La tranquilidad del jardín botánico JARDÍN

PLANO: 22 P. 112 **D8**

Proyectado en el s. XIX como jardín botánico para las investigaciones científicas de la vecina Escola Politécnica (hoy Museu Nacional de História Natural), el **Jardim Botânico de Lisboa** *(museus.ulisboa.pt; adultos/niños 5 €/gratis)* alberga más de 2000 especies de plantas exóticas.

Cuando, una vez pasada la verja y la taquilla, empieza el descenso hacia el anfiteatro se respira tanta tranquilidad que casi se olvida que el jardín se halla rodeado de bulliciosas calles. Entre los barrios de Príncipe Real y Rato, es un umbrío refugio de árboles altos. El mariposario que tanto gustaba a los niños ya no existe: lo ha sustituido un *jardim dos sentidos* que propone actividades como caminar descalzos por un sendero.

Divertirse en familia en el museo de Historia Natural MUSEO

PLANO: 23 P. 112 **D8**

Con esqueletos, réplicas de aves prehistóricas y animales disecados, el **Museu Nacional de História Natural** *(museus.ulisboa.pt; adultos/niños 6 €/gratis)* es un museo de ciencia de corte clásico. El edificio se construyó en el s. XIX y reviste interés en sí mismo, sobre todo el laboratorio de química y la sala de conferencias. La sala que muestra los síntomas habituales de las enfermedades de la piel no es agradable de ver.

Varias secciones están orientadas a las familias. En una exposición de la 1ª planta (sala 14), se aprende física mediante experiencias sencillas. La web del museo trae un calendario de actividades y exposiciones.

Películas clásicas y de vanguardia en cines independientes CINE

El productor de cine portugués Paulo Branco es el dueño del **Cinema Nimas** (PLANO: 24 P. 112 **E4**; *medeiafilmes.com*), una verdadera institución. Con una programación dedicada a directores o géneros específicos, esta sala en los sótanos de un edificio de apartamentos es el mejor sitio para disfrutar de películas clásicas que no se hayan visto en pantalla grande.

Cerca de la Avenida da Liberdade, la **Cinemateca Portuguesa** (PLANO: 25 P. 112 **D8**; *cinemateca.pt*) organiza ciclos mensuales de cine luso y extranjero. Cuando más gente acude es en verano, porque se abre el **Cinema na Esplanada,** con proyecciones al aire libre en la terraza de 39 Degraus.

VENCER LA CENSURA EN EL CINEMA SÃO JORGE

En 1950 se inauguró el mayor cine de Portugal. Los censores del Estado Novo (y a veces el propio dictador António Salazar) utilizaban la Sala Rank de la planta alta, con solo 21 butacas, para ver películas extranjeras antes de su estreno y decidir qué se censuraba "por el bien de la nación". Hoy, el **Cinema São Jorge** acoge los festivales de cine independiente más influyentes de Lisboa, como IndieLisboa (mayo), Queer Lisboa (septiembre) y MOTELX (septiembre).

Lo mejor para...

Localizaciones en el plano de la **p. 112**

€ Económico €€ Medio €€€ Alto

Comer

Cafés

Pastelaria Versailles €
26 E4
El expositor de esta pastelería es un edén para los golosos y un tormento para los indecisos. *grupo versailles.pt; 7.00-22.00*

Portuguesa

Galeto €€
27 E4
Toda una institución lisboeta, este restaurante de amplio horario es muy visitado por gente a la que le apetece desayunar a las 2.00 o tomar una reconfortante sopa de pollo. *7.30-3.00*

É Um Restaurante €€
28 E8
Restaurante mediterráneo de CRESCER, una ONG que forma y da empleo a personas sin hogar. *eumrestaurante.pt; 12.30-15.00 y 19.00-22.00 mi-sa*

Suzana €
29 D5
Ponen amor en cada plato portugués, al que se imprime un giro moderno sin caer en la pretenciosidad. *instagram.com/suzana_restaurante; 12.00-15.00 y 19.00-22.00 lu-vi*

Beber

Cócteles y vino

Red Frog
30 E8
Bar tipo *speakeasy* cerca de la Avenida da Liberdade, con una extensa carta de cócteles; se exige reserva y, para entrar, hay que pulsar en "Press for Cocktails". *redfrog.pt; 18.00-1.00 ma-sa*

SEEN Sky Bar
31 D7
El concurrido bar de la azotea del hotel Tivoli Avenida brinda una de las mejores vistas del barrio. Buena selección de vinos portugueses por copas. *skybarrooftop.com; 12.30-1.00 do-ju, hasta 2.00 vi y sa*

Comprar

Libros y revistas

Under the Cover
32 D3
Una cuidada selección de revistas independientes portuguesas y extranjeras ocupa las paredes de esta pequeña librería. *underthecover.pt; 11.00-19.00 lu-vi, 12.00-18.00 sa*

Bookshop Bivar
33 F4
Pequeña librería familiar que solo vende libros de segunda mano en inglés, tanto ficción como ensayo. *instagram.com/bookshopbivar; 11.00-18.00 ma-sa*

Para niños

FuFu Loja Atelier
34 E7
Tienda familiar con libros, juguetes y talleres para familias. Uno de los propietarios creó la muñeca de trapo Fulana Beltrana Sicrana. *fufu-lojaatelier.com; 12.00-19.00 ma-vi, 11.00-13.00 y 14.30-17.00 sa*

Sugerencias de lugares para comer, beber y comprar en **p. 137**

Explora
Estrela, Lapa y Alcântara

Este es un barrio de contrastes. Por el lado oeste, eminentemente industrial y enfocado a los negocios, Alcântara ha sabido beneficiarse del hierro y el óxido convirtiendo un puente y una antigua fábrica en atracciones turísticas, y transformando naves en bares, clubes nocturnos y restaurantes; aparte de contar con un espacio tranquilo para caminar o pedalear junto al río. Por el norte, bulevares arbolados, placitas y jardines románticos definen Lapa y Estrela. Por el este quedan Santos, un foco ribereño de vida nocturna, y las callejuelas empedradas de Madragoa.

Cómo desplazarse

Tranvía
Se toma el n° 18E o 15E desde Cais do Sodré hasta el Museu Nacional de Arte Antiga (Cais Rocha), Pilar 7 (Alcântara-Av 24 de Julho) y LX Factory (Calvário). Para Estrela, el n° 25E.

Tren
Sale cada 30 min y permite eludir el tráfico entre el Cais do Sodré y el Museu do Oriente (Alcântara-Mar).

Autobús
Los n° 727 (de Rato a Restelo) y 67B (Estrela-Basílica) cubren casi todo el barrio y las atracciones principales.

LX Factory (p. 136).

LO MEJOR

MUSEO DE ARTE
Museu Nacional de Arte Antiga (p. 128)

PARQUE URBANO
Tapada das Necessidades (p. 135)

ESPACIO POSTINDUSTRIAL
LX Factory (p. 136)

MUSEO PARA NIÑOS
Museu da Marioneta (p. 133)

JARDÍN
Jardim da Estrela (p. 132)

A
B
C
D
1
2
3
4
5
6
Estrada do Alvito
Parque Florestal de Monsanto
Av da Ponte
R Padre Francisco
12
Cemitério dos Prazeres
R Maria Pia
Av de Ceuta
Tapada das Necessidades
ALCÂNTARA
Tapada da Ajuda
Acesso a Ponte
Tapada das Necessidades
13
Cç das Necessidades
Cç da Tapada
Ponte 25 de Abril
R dos Lusíadas
R Prior do Crato
Lg do Calvário
R do Arco
B-MAD
7
R Rodrigues de Faria
LX Factory
14
24
18
23
Av da Índia
Alcântara-Mar
4
Museu do Oriente
Capela de Santo Amaro
11
6
Museu da Carris
R Cintura do Porto
Av de Brasília
ALCÂNTARA
5
Museu de Macau
Experiência Pilar 7
15
R General Gomes Araujo
Av da Índia
Doca de Santo Amaro
Ponte 25 de Abril
A
B
C
D

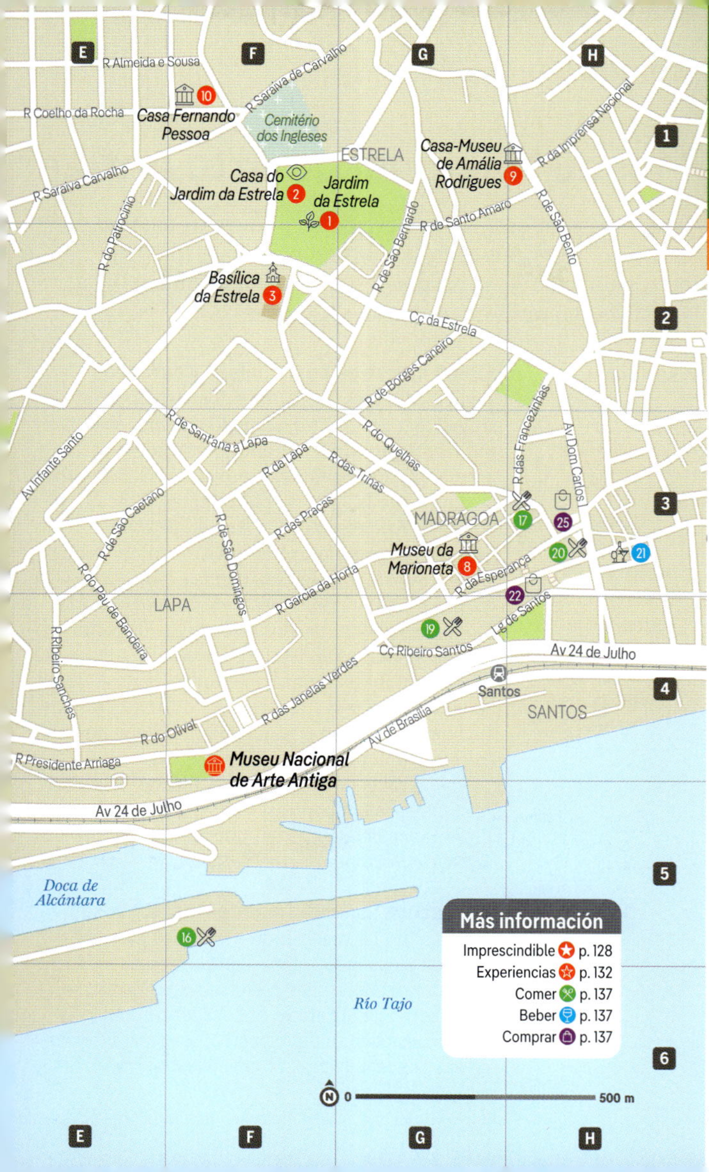
E
F
G
H
1
2
3
4
5
6
R Almeida e Sousa
R Coelho da Rocha
Casa Fernando Pessoa
10
R Saraiva de Carvalho
Cemitério dos Ingleses
ESTRELA
Casa-Museu de Amália Rodrigues
9
R da Imprensa Nacional
R Saraiva Carvalho
Casa do Jardim da Estrela
2
Jardim da Estrela
1
R do Patrocínio
R de São Bernardo
R de Santo Amaro
R de São Bento
Basílica da Estrela
3
Cç da Estrela
R de Borges Carneiro
R das Francezinhas
Av Dom Carlos I
R de Sant'ana à Lapa
R do Quelhas
R da Lapa
R das Trinas
Av Infante Santo
R de São Caetano
R de São Domingos
R das Praças
MADRAGOA
17
25
Museu da Marioneta
8
20
21
R da Esperança
22
R Garcia da Horta
R do Pau de Bandeira
LAPA
19
Lg de Santos
Cç Ribeiro Santos
Av 24 de Julho
R Ribeiro Sanches
R das Janelas Verdes
Santos
SANTOS
Av de Brasília
R do Olival
R Presidente Arriaga
Museu Nacional de Arte Antiga
Av 24 de Julho
Doca de Alcântara
16
Río Tajo
Más información
Imprescindible p. 128
Experiencias p. 132
Comer p. 137
Beber p. 137
Comprar p. 137
N
0
500 m

★ IMPRESCINDIBLE

Museu Nacional de Arte Antiga

Posee una extraordinaria colección de pintura y escultura europea y portuguesa, en su mayoría obras maestras. El personal recibe a los aficionados al arte con una amabilidad y entusiasmo raros en los museos lisboetas.

PLANO: P. 126 **F4**

CONSEJO
Venir por la mañana para no verlo todo a la carrera. Se puede pasar medio día recorriendo las cuatro plantas.

Escanea este código QR para información sobre exposiciones temporales.

Obras maestras portuguesas y europeas

Las 12 salas de la 3ª planta del **museo** *(museudearteantiga.pt; adultos/niños 10 €/gratis)* exponen suficiente pintura y escultura portuguesa para interesar a los visitantes, pero son las labores de restauración las que despiertan más atención. El proceso de restituir los *Paneles de san Vicente* (s. XV) a su forma primitiva ha sido complejo. Las otras joyas de esta sección son la *Coronación de la Virgen* (1830) y la *Adoración de los Magos* (1828) de Domingos Sequeiras, dos interpretaciones luminosas y casi etéreas de tema religioso que contrastan con las sombrías representaciones del resto del museo. *El infierno* (ppios s. XVI), de artista desconocido, es un buen ejemplo del dolor que puede expresar una pintura.

Las 14 salas de la 1ª planta dedicadas a la pintura europea ocupan casi todo el tiempo. Una de las obras más famosas del museo es el tríptico del Bosco *Tentaciones de san Antonio.*

Arte de los 'descubrimientos' portugueses

Portugal no ha reconocido aún los efectos negativos de su pasado colonial. Muchos museos más antiguos catalogan las colecciones de los ss. XVI y XVII como de la "era de los descubrimientos" y suelen adoptar una perspectiva sesgada. Pero las piezas expuestas en el Museu Nacional de Arte

GREG ELMS/LONELY PLANET ©

Antiga no son obras de arte indígenas "traídas" de antiguas colonias, sino donaciones o adquisiciones en el extranjero que, en su mayoría, representan los intercambios culturales entre los portugueses y las comunidades autóctonas. Si no interesa esta colección de la 2ª planta, hay que saltarse las salas 14 a 18.

El jardín y nuevas adquisiciones

En días cálidos, lo mejor es instalarse en el jardín interior para contemplar las vistas del río y tomar un café entre las estatuas. Antes de salir, hay que detenerse en el vestíbulo, donde se exponen las últimas adquisiciones, en algunos casos valiosas piezas de arte portugués que pudieron terminar en colecciones particulares.

UNA PAUSA
En **Catch Me** se puede almorzar o beber algo con vistas al Tajo mientras se toma el sol.

CIRCUITO A PIE

Madragoa y Santos

Sin muchos monumentos ni museos, los pequeños distritos de Madragoa y Santos constituyen en sí mismos el principal atractivo. Madragoa, con tranquilas callejuelas empedradas, es uno de los barrios más antiguos de Lisboa, y Santos se distingue por el ambiente bohemio de sus bares y restaurantes.

INICIO	FINAL	DURACIÓN
Chafariz da Esperança	Jardim Nuno Álvares	1 km; 1 h

1 Fuente barroca

El **Chafariz da Esperança,** una fuente barroca del s. XVIII, marca la entrada de Madragoa. Se sube por la Rua da Esperança y se toma la primera a la derecha, Travessa do Pasteleiro, una calle empinada que conduce al corazón de este barrio histórico.

2 Calle clásica

La peatonal **Rua das Madres** cumple todos los requisitos de un típico barrio lisboeta: *calçada portuguesa,* ropa tendida en las ventanas, casitas con adornos pintorescos y un restaurante tradicional, Varina da Madragoa, con comida casera.

3 Antiguo convento

Se toma la tranquila Rua das Madres y se dobla a la derecha por Calçada Castelo Picão. El edificio de la esquina derecha es el antiguo **Convento das Bernardas,** hoy Museu da Marioneta, muy visitado por familias lisboetas.

4 Frontera entre barrios

Desde el convento se gira a la izquierda por la Rua da Esperança, una calle bordeada de cafés, restaurante y tiendas que hace de frontera entre Madragoa y Santos. Se entra en **Parra Wine Bistro** para tomar *petiscos* (tapas) con vino portugués.

5 Corazón de Santos

Se baja por la Travessa dos Barbadinhos y se tuerce a la izquierda por la Calçada Marquês de Abrantes. Al final de la calle, se dobla la esquina a la derecha (evitando el tranvía) hasta el corazón de Santos, donde la tranquilidad del barrio de Madragoa da paso al bullicio de barés y cafés. **Rudy Giuliani's Secret Bar,** un quiosco convertido en bar, es perfecto para tomar una pinta.

6 Barrio de teatros

Es difícil no reparar en el edificio verde *art déco* del **Teatro A Barraca,** que es la sede de una de las compañías teatrales más antiguas de Lisboa, con una programación regular.

7 Refugio frondoso

En un extremo del barrio, el **Jardim Nuno Álvares** invita a sentarse y disfrutar de la tranquilidad (salvo que el parque infantil esté lleno).

EXPERIENCIAS

Relajarse en el Jardim da Estrela

JARDÍN

Los lisboetas atajan a veces entre Estrela y São Bento por el **Jardim da Estrela** (PLANO: 1 P. 126 **F1**), el jardín romántico frente a la basílica homónima. Para los turistas es un sitio magnífico donde leer a la sombra, tomarse un respiro o beber algo en uno de los quioscos convertidos en cafés; aunque tranquilo y recoleto no es, pues está situado en medio de una zona de mucho tráfico, con ruido constante entre semana.

La **Casa do Jardim da Estrela** (PLANO: 2 P. 126 **F1**; *instagram.com/casadojardimdaestrela*) acoge un centro municipal de acceso gratuito, que organiza actos culturales centrados en la sostenibilidad. En el vestíbulo se montan exposiciones temporales.

Entrar en la Basílica da Estrela

IGLESIA

PLANO: 3 P. 126 **F2**

De la barroca **Basílica da Estrela** se tiene noticia incluso antes de llegar: su cúpula se ve desde lejos y sus campanas tañen cada cuarto de hora. La entrada es gratuita (durante los oficios, hay que comportarse con extremo respeto), y entre sus rasgos más sobresalientes figuran los revestimientos de mármol rosa y azul en paredes y techos, y los frescos del altar mayor y la bóveda.

Visitar las cubiertas cuesta 4 €, pero la recompensa tras la empinada subida por una escalera estrecha (114 peldaños) son las vistas del barrio.

Admirar arte asiático

MUSEO

La vinculación de Portugal con Japón y China empezó con la segunda fase de las exploraciones marítimas en el s. XVI. Macao se convirtió en símbolo de la fusión entre las culturas europea y asiática. Dos museos dedicados al arte asiático siguen alimentando esa relación.

La 1ª planta del **Museu do Oriente** (PLANO: 4 P. 126 **D5**; *foriente.pt; adultos/niños 8/2,50 €*) la ocupan la colección Kwok On (artes escénicas asiáticas) y la sección *La*

FUTURAS LÍNEAS DE METRO

Al cierre de edición, la ampliación de la línea verde del metro estaba en su fase final, y la inauguración de las estaciones Santos y Estrela se prevéa para el final del 2025. La nueva conexión en metro modificará el trazado de la línea verde y permitirá viajar desde Cais do Sodré hasta Rato sin cambiar de línea, gracias a las nuevas paradas en el barrio de Madragoa (estación de Santos) y cerca de la Basílica da Estrela. La prolongación de la línea roja (entrará en servicio en el 2026) añadirá paradas en Campo de Ourique y Alcântara.

presencia portuguesa en Asia, con obras de arte que amalgaman los estilos asiático y portugués, y una imprescindible colección de arte *nanban* (arte japonés surgido tras el contacto con los portugueses).

Fuera de las rutas turísticas, el **Museu de Macau** (PLANO: 5 P. 126 **A5**; *cccm.gov.pt; adultos/niños 3 €/ gratis, solo efectivo*) subraya la relación entre Portugal y Macao, su antigua colonia. En la planta baja pueden verse réplicas de mapas, documentos y una pequeña sección sobre las religiones chinas (con estatuillas de deidades y altares) y la mezcla de culturas tras la llegada del cristianismo.

Viajar en tranvía en el Museu da Carris
MUSEO

PLANO: 6 P. 126 **A5**

La empresa de transporte público Carris forma parte de la historia de Lisboa desde que a fines del s. XIX construyó los primeros funiculares y tranvías, que con el tiempo se han convertido en símbolos de la ciudad.

La primera sección del **Museu da Carris** *(museu.carris.pt; adultos/niños 4,50 €/gratis)* repasa la historia de la compañía con documentos, fotografías y billetes antiguos. Después, un viejo tranvía conduce hasta la segunda y última sección: una nave industrial con autobuses y tranvías de ayer y de hoy.

Aunque los conductores responden cualquier pregunta y quizá cuenten anécdotas sobre sus experiencias sorteando el tráfico, interesa reservar una visita guiada, sobre todo si se va con niños.

Colección 'art déco' de B-MAD
MUSEO

PLANO: 7 P. 126 **B4**

Iniciativa del coleccionista y empresario Joe Berardo, **B-MAD** *(bmad.pt; adultos/niños 6 €/gratis),* expone su colección privada de muebles *art déco* y *art nouveau.* El primer museo de Lisboa consagrado a estos estilos artísticos ocupa un palacio dieciochesco restaurado y los visitantes recorren sus salas, decoradas con lámparas de vidrio emplomado de Tiffany y pinturas de Picasso, como si estuvieran en una casa particular.

Las visitas –siempre guiadas– deben reservarse con antelación y duran 1 h, lo que deja poco tiempo para apreciar los detalles, sobre todo con grupos grandes, porque los guías, aunque cordiales, siguen a rajatabla el horario.

El circuito termina con una cata de vinos (opcional pero incluida en el precio) de las bodegas Bacalhôa en Setúbal, propiedad de Berardo, para promocionar los vinos; en la tienda del museo puede comprarse moscatel.

Llevar a los niños al Museo de las marionetas
MUSEO

PLANO: 8 P. 126 **G3**

El **Museu da Marioneta** *(museu damarioneta.pt; adultos/niños 5 €/ gratis),* en el Convento das Bernardas, es uno de los sitios preferidos por las familias lisboetas para entretener a los niños en las mañanas lluviosas y las tardes de verano.

La colección es pequeña pero muy variada: máscaras asiáticas y africanas, títeres de cachiporra, marionetas sicilianas, utilería teatral y una exposición sobre los *bonecos* de Santo Aleixo, marionetas que se fabrican a mano en la región sureña del Alentejo desde el s. XVIII.

En mayo, acoge el **FIMFA,** un festival internacional de títeres con espectáculos en varios escenarios de la ciudad.

Recorrer la casa de Amália Rodrigues — MUSEO

PLANO: 9 P. 126 H1

La **Casa-Museu de Amália Rodrigues** *(amaliarodrigues.pt; adultos/niños 7 €/gratis),* última residencia de la famosa diva del fado, repasa los momentos estelares de su carrera y su vida. La personalidad de la cantante brilla en cada detalle, desde los elementos decorativos y sus objetos personales hasta retratos y la colección de vestidos, zapatos (solo se muestra una mínima parte) y joyas que lucía en el escenario.

Los visitantes pueden cruzar unas palabras con alguien que la conocía bien, su loro *Chico.* Las visitas son siempre guiadas, con asignaciones horarias que deben cumplirse. En el jardín se ofrecen conciertos de fado los jueves, viernes y domingos a las 18.00.

La última casa de Fernando Pessoa — MUSEO

PLANO: 10 P. 126 F1

La **Casa Fernando Pessoa** *(casafernandopessoa.pt; circuito guiado 6 €; visitas autoguiadas adultos/niños 5 €/gratis),* última dirección oficial del escritor modernista lisboeta, es una ventana abierta a su vida y su compleja obra, aún no estudiada a fondo. Durante la visita guiada, un experto en Pessoa conduce desde la planta baja hasta su dormitorio en la 1ª planta, donde termina el recorrido, a veces después de la hora fijada.

En la biblioteca, de entrada gratuita, los interesados en su obra pueden hojear todos los libros conocidos que publicó, sus traducciones y los ensayos sobre su figura.

Hallar lo inesperado en la Capela de Santo Amaro — IGLESIA

PLANO: 11 P. 126 A5

En Lisboa, subir por una escalera que parece no tener fin o por una pendiente empinada casi siempre compensa, como ocurre con la caminata cuesta arriba hasta la **Capela de Santo Amaro.**

Esta extraviada iglesia del s. XVI parece fuera de lugar en un barrio eminentemente industrial como Alcântara. Los visitantes van por las vistas, que sin ser desdeñables, tampoco asombran; pero lo fascinante es el propio edificio, de extraña planta circular y con paneles de azulejos policromados barrocos revistiendo el pórtico. Si se tiene la suerte de encontrarla abierta (el horario oficial es de 11.00 a 17.30 de martes a domingo, pero varía), se impone traspasar sus puertas de hierro forjado.

Caminar por el Cemitério dos Prazeres CEMENTERIO

PLANO: 12 P. 126 D2

Última parada de los tranvías nº 28E y 25E, el **Cemitério dos Prazeres** es un ejemplo magnífico de la arquitectura funeraria de fines del s. XIX, con altos cipreses, anchas calles y mausoleos ricamente decorados. Aquí reposan varios músicos, actores, escritores y políticos portugueses, y desde el Rincón de los Artistas se contempla una de las mejores vistas del Ponte 25 de Abril.

En la pequeña capilla puede visitarse la sala donde se hacían las autopsias antes de que existieran morgues, que se practicaban antes del sepelio como muestra de respeto a los deudos.

Gozar de la paz de la Tapada das Necessidades PARQUE

PLANO: 13 P. 126 D4

Por el lado norte de Alcântara, la **Tapada das Necessidades,** más frecuentada por lisboetas que por turistas, es un parque urbano con lagos, algunos patos, ocas y pavos reales, muchos rincones y zonas para explorar. El horario por la entrada sur, la más próxima a Alcântara, es más amplio (8.00-20.00 abr-sep, 8.00-18.00 oct-mar). La puerta norte en Rua do Borja abre a la misma hora pero cierra 15 min antes. Admite perros.

El gran prado de césped cerca del antiguo invernadero es ideal para los pícnics en familia. Pero en cuanto a mantenimiento, necesita un poco de atención. El plan de mejora en curso, financiado con la tasa turística, debería estar concluido en el 2027. Mientras tanto, ha de prestarse atención a los pavimentos irregulares, los adoquines sueltos y las raíces en los caminos de tierra.

DE MOCAMBO A MADRAGOA

Ningún letrero da cuenta del nombre de Madragoa en el s. XVI: Mocambo, que en umbundu, una de las lenguas angoleñas, significa "aldea". A los esclavos se les permitía vivir en esta zona, tener una dirección (pero no poseer una casa) y participar en actividades religiosas y culturales que reforzaran su identidad sin miedo a la persecución. La historia de Lisboa se blanquea con frecuencia, y muchas iniciativas para contarla desde otras perspectivas se postergan o descartan. Proyectos como **ReMapping Memories** *(re-mapping.eu)*, del Goethe Institut, están configurando un retrato más exacto de la ciudad, pero la prueba física de la existencia de Mocambo brilla por su ausencia.

Comprar y curiosear en LX Factory

CENTRO COMERCIAL

PLANO: 14 P. 126 **B5**

En una antigua fábrica textil de la parte oeste del barrio se halla **LX Factory** *(lxfactory.com; gratis)*. Hay que tener cuidado con los adoquines irregulares y el tráfico ocasional al pasear por este complejo curioseando en tiendas alternativas y admirando arte callejero en edificios industriales algo descuidados, con restaurantes, cafés, salones de tatuaje, tiendas y galerías de arte, y una de las librerías más bonitas del mundo. Con el puente tendido encima, las horas punta son siempre más ruidosas por los trenes y la densidad del tráfico, pero uno se acostumbra en pocos minutos.

Contemplar Lisboa desde Pilar 7

MIRADOR

PLANO: 15 P. 126 **B6**

El Ponte 25 de Abril define el paisaje urbano de Alcântara. Los interesados en la ingeniería quedarán fascinados con la exposición interactiva sobre la historia del puente en la **Experiência Pilar 7** *(adultos/niños 5 €/gratis)*, pero casi todo el mundo la atraviesa rápidamente de camino al mirador para contemplar el barrio industrial de Lisboa, el río y Belém. Aunque la seguridad es total, la pequeña plataforma acristalada y la proximidad al tráfico del puente podrían intranquilizar a algunos.

LOS MURALES DE ALMADA NEGREIROS

En la década de 1940, el Gobierno encargó al pintor modernista Almada Negreiros 14 murales para las recién inauguradas Gare Marítima de Alcântara y Gare Marítima da Rocha do Conde de Óbidos. El propósito era plasmar la grandeza de Portugal, pero Negreiros optó por su independencia de artista y pintó el país tal como era por entonces: atrasado, pobre y triste. El Gobierno intentó tapar los murales, que tildó de vergonzosos e inexactos. Tras una restauración que ha durado un año, los visitantes pueden ver de nuevo (gratis) los murales. Cuando se redactaba esta guía, estaba previsto abrir un centro de interpretación sobre las obras en breve.

Localizaciones en el plano de la p. 126

Lo mejor para...

€ Económico €€ Medio €€€ Alto

Comer

Mediterránea y portuguesa

Último Porto €
16 F5
Escondido en los muelles, Último Porto es un secreto celosamente guardado por los lisboetas; sirve sencillos pescados asados con vinos portugueses de primera. *instagram.com/ultimoportorestaurante; 12.00-16.00 lu-sa*

Varina da Madragoa €
17 H3
Restaurante tradicional con contundentes platos portugueses en raciones generosas: una institución en el barrio. *12.30-15.00 y 20.00-22.30 ma-do*

Therapist €
18 B5
En LX Factory, restaurante de cocina mediterránea sostenible, vegana y vegetariana con muchos platos sin gluten. *thetherapist.pt; 9.00-19.00 mi-lu*

Desayuno y 'brunch'

Mila €
19 G4
Este café de Santos con *brunch* todo el día empezó como una tienda de comestibles ecológicos. *milalisbon.com; 9.00-17.00*

Fauna & Flora €
20 H3
Café de Santos que triunfa con sus comidas ligeras y *brunches* asequibles. *faunafloralisboa.com; 9.00-18.00*

Beber

Vino

Comida Independente
21 H3
No se admiten reservas en este bar de Santos con vinos por copas, sobre todo de pequeños productores portugueses, y catas ocasionales. *comidaindependente.pt; 16.00-23.00 ma-vi, 12.00-23.00 sa*

Comprar

Libros y 'souvenirs'

Salted Books
22 H3
Librería independiente que organiza actividades relacionadas con el mundo del libro. *saltedbooks.com; 10.00-18.30 ma-sa, 9.00-17.00 do*

Corredor
23 B5
Entre dos naves industriales, vende obras de artistas portugueses y *souvenirs* originales. *instagram.com/corredor_lxfactory; 12.00-9.00*

Ropa

LX Market
24 A5
Este mercado de artesanía y *vintage* ocupa los domingos el solar de detrás de LX Factory. *lxmarket.pt; 10.00-19.00 do*

Reuse
25 H3
Muy visitado para comprar ropa y complementos *vintage*. *10.30-19.30*

Sintra

Con suntuosos palacios románticos y un castillo morisco, Sintra es un destino preferente para excursiones desde Lisboa. Las frecuentes brumas que envuelven estas montañas de perenne verdor han inspirado a los pintores durante siglos, y el casco histórico, declarado Patrimonio Mundial, es realmente un cuadro.

CONSEJO
Tomar un tren por la mañana temprano desde el Rossio. Al regreso, tomar cualquiera de Sintra a Lisboa (Entre Campos, Oriente o Rossio) para evitar la hora punta.

Escanea este código QR para reservar entradas al Palácio Nacional da Pena.

Jardines románticos

Encargada por el millonario Carvalho Monteiro en el s. XIX, la romántica **Quinta da Regaleira** *(regaleira.pt; adultos/niños 12/7 €)* ha alimentado mitos sobre las aficiones esotéricas de su propietario.

Mientras todos tuercen a la derecha para visitar el **Poço Iniciático,** se aconseja virar a la izquierda hacia la capilla y el palacio. La sensación será de hallarse a solas en la casa. Los sensores se encienden para indicar el camino, y los paneles informativos explican lo que se ve. Aunque no se puede entrar en las habitaciones, hay espacio para apreciar sus complejos detalles. El arquitecto y escenógrafo Luigi Manini sabía impresionar al público.

Siempre hay cola para bajar al Poço Iniciático. Al llegar, lo normal es esperar al menos 30 min.

Casa de las Brujas

Abandonado durante años, el **Palácio Biester** *(biester.pt; adultos/niños 12/7 €)* se abrió en el 2022 tras una bella restauración. Los visitantes suelen pasarlo por alto de camino a la vecina Regaleira, y es una pena que la llamada Casa de las Brujas reciba poca atención.

Manini diseñó también el Palácio Biester y la **Villa Sassetti** *(parquesdesintra.pt),* en mitad del camino que une el casco antiguo de Sintra con el

FRANCISCOMARQUES/SHUTTERSTOCK ©

Palácio da Pena y el Castelo dos Mouros. Esta ruta colina arriba es un modo magnífico de llegar a los monumentos y ver la casa (desde fuera) y los jardines.

Palacio y castillo

Tras comprar el tique para visitar el **Palácio Nacional da Pena** *(parquesdesintra.pt; adultos/niños 20/18 €)* a las 15.00, se sube por la colina o se toma el autobús n° 434 *(scotturb.com; 13,50 €)*. Sobre una arbolada cumbre y envuelto muchas veces en remolinos de niebla, este palacio romántico es la joya de Sintra. Lo habitual es dedicar un par de horas a admirar los jardines, la preciosa arquitectura y los detalles de cada estancia.

Aunque el **Castelo dos Mouros** *(parquesdesintra.pt; adultos/niños 12/10 €)*, del s. x, ejerza menos atractivo, no debe subestimarse. Recorrer sus murallas contemplando las vistas permite imaginar cómo era la vida medieval.

UNA PAUSA
La pastelería **Casa Piriquita** elabora su *travesseiro,* un pastel de hojaldre relleno de crema de yema y almendra, desde 1862.

BOHEMIA L
GASTROBAR - FADO -

Guía práctica

Alfama (p. 67).
KERRY MURRAY/LONELY PLANET ©

Viajar en familia

Lisboa es una ciudad acogedora para las familias, con múltiples actividades para los niños y muchos jardines, plazas y parques donde los críos pueden corretear y las familias hacer un pícnic.

Moverse por la ciudad

Es agotador (y a veces peligroso) empujar un cochecito por esta ciudad con adoquines irregulares y resbaladizos, aceras estrechas, coches mal aparcados y patinetes eléctricos de alquiler abandonados en cualquier parte. Es más comodo llevar una mochila portabebés.

LACTANCIA EN PÚBLICO

Es una práctica legal, pero no todo el mundo la aprueba. El aeropuerto y algunos centros comerciales disponen de zonas para amamantar.

Comer fuera

Muchos restaurantes ofrecen menús infantiles, como hamburguesas con patatas fritas, *pizzas* de jamón y queso, pasta con salsa de tomate, palitos de pescado y *nuggets* de pollo. Los que no los ofrecen suelen preparar una tortilla o una ración extra de patatas fritas. Las tronas son gratuitas, pero quizá los restaurantes pequeños solo tengan una.

Entradas

En los principales sitios turísticos, los menores de 12 años entran gratis y los niños de más edad pagan la mitad. A veces se venden billetes para familias.

Transporte público

Los menores de 3 años viajan gratis, pero a veces se pide a los padres que acrediten la identidad del niño.

Cambio de pañales

Los centros comerciales, museos, algunas atracciones turísticas y casi todos los cafés y restaurantes disponen de espacios para cambiar pañales, a veces en un baño aparte para niños, pero normalmente en los de mujeres o aseos accesibles.

Alojamiento

En una ciudad con una oferta hotelera desbordante, los alojamientos se adecúan a todos los gustos y bolsillos.

Si te gusta...

Bares y discotecas

Bairro Alto (p. 35) Bares asequibles, centros culturales y discotecas pequeñas. Ruidoso por la noche pero muy tranquilo de día. Combina apartamentos turísticos con hoteles caros.

Cine de autor y museos

Saldanha (p. 111) Con algunas de las mejores pinacotecas de la ciudad y un cine que se ha convertido en una institución. Casi todos los hoteles son de precio medio o de negocios y quedan cerca del metro.

Historia y patrimonio

Graça (p. 67) No tan concurrida como el resto del centro, pero con menos encanto que Alfama, el alojamiento es más asequible, con predominio de pensiones y albergues.

Tiendas y restaurantes

Marquês de Pombal (p. 111) Aquí se da la mayor concentración de tiendas de marca, cafés caros y restaurantes de alta cocina. El alojamiento va desde hoteles de diseño caros hasta casas con encanto.

Arquitectura y tranquilidad

Parque das Nações (p. 97) Barrio ideal para familias y aficionados a la arquitectura, cerca del metro, los autobuses, los trenes urbanos y el aeropuerto. Predominan los hoteles de cadenas internacionales.

IMPRESCINDIBLE

Nos encanta...

Baixa (p. 53) Esta populosa zona del centro congrega la mayoría de los alojamientos y queda cerca de restaurantes, tiendas, cafés y medios de transporte público. Es turística de día pero tranquila después de la cena. Los alojamientos van desde albergues y apartamentos de alquiler hasta hoteles patrimoniales y de precio medio.

CUÁNTO CUESTA

Cama en albergue **desde 20 €**

Hotel medio **desde 60 €**

Hotel caro en el centro **desde 150 €**

Comida, bebida y fiesta

Alergias e intolerancias

La ley obliga a indicar los ingredientes que podrían provocar una reacción alérgica. Lo normal es que figuren en la carta, pero hay que informar siempre de las alergias antes de pedir.

CÓMO SE DICE...

Soy alérgico/a a... *Faço alergia a...*
- **frutos secos** *frutos secos*
- **cacahuetes** *amendoim*
- **marisco** *marisco*
- **lácteos** *lacticínios*
- **gluten** *gluten*

?

CÓMO PEDIR...

¿Esto es sin gluten?
Isto é sem gluten?
¿Contiene frutos secos?
Isto contém frutos secos?
¿Hay algún plato vegano?
Há alguma alternativa vegan?

TASCAS PARA TURISTAS

En las calles turísticas de Baixa nunca faltan *tascas* y restaurantes "auténticos", con cartas llenas de platos que los visitantes deben probar. Conviene evitar los sitios donde los camareros ofrecen a la puerta descuentos especiales, blandiendo cartas plastificadas con fotos de los platos del día, que a veces incluyen propuestas tan poco portuguesas como paella.

Aperitivos

En los restaurantes tradicionales, los camareros ponen pan, queso y aceitunas antes de anotar la comanda. Estos aperitivos hay que pagarlos. Lo mejor es revisar la carta o preguntar cuánto cuestan y, si parece mucho o no apetecen, pedir que los retiren; si no, se incluirán en la cuenta.

Pagar la cuenta

A menos que el restaurante esté repleto y necesiten la mesa, los camareros no presentan la cuenta hasta que se pide; hay que levantar la mano y decir: *"A conta, por favor"*.

Dividir la cuenta Los camareros suelen preguntar: "junto ou separado?".

Propinas No son obligatorias, pero algunos restaurantes añaden a la cuenta una cantidad recomendada. Antes de pagar con tarjeta, hay que revisar la cuenta. Cuando el servicio ha sido excepcional, lo normal es dejar un 5-10 %. En cafés y bares, se redondea hasta el siguiente euro. Cuando se paga en efectivo, hay que decir: *"Fique com o troco"* (deje la vuelta).

PRECIOS

Estos precios corresponden al coste medio de un plato principal.

€ menos de 15 €
€€ 15-30 €
€€€ más de 30 €

HORARIOS

Cafés 7.00-23.00
Restaurantes 12.00-23.00; algunos cierran de 15.00 a 19.00
Snack-bares 9.00-22.00

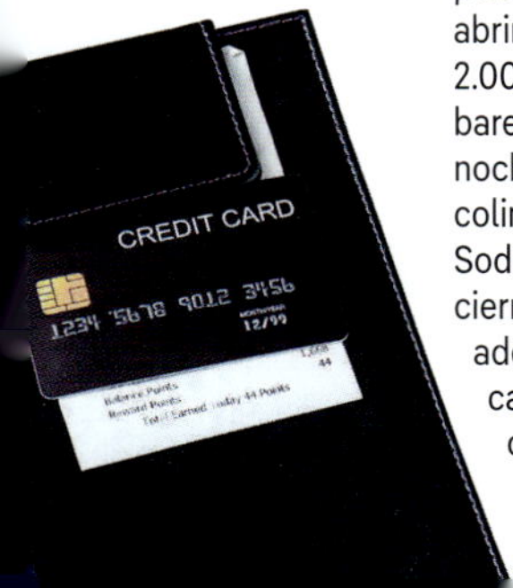

Salir

Clubes Lux-Frágil (p. 81), Musicbox (p. 44) y Trumps (p. 50), este último LGTBIQ+, son los pilares del discotequeo lisboeta.

Cuándo ir A los bares, después de las 23.00; a las discotecas, después de las 2.00.

En la puerta La mayoría de los porteros niegan la entrada a las personas en estado de ebriedad. En otros casos, el rechazar o no podría depender del humor del portero, el atuendo que se lleve o cuánta gente haya dentro. De nada sirve discutir o especular sobre el motivo: hay que buscar otro sitio.

¿Bairro Alto o Cais do Sodré? Los bares del Bairro Alto son más informales y generalmente más asequibles, pero por ley no pueden abrir después de las 2.00. Una vez cierran los bares del Bairro Alto, la noche puede continuar colina abajo en Cais do Sodré, donde los bares cierran más tarde y, además, tiene discotecas muy variadas que cierran a las 6.00.

CUÁNTO CUESTA

'Pastel de nata'
desde 1,50 €

'Bica' (café exprés)
0,90-1,50 €

Copa de vino
desde 3 €

Imperial (vaso de cerveza de grifo)
2-2,50 €

Chupito de 'ginjinha' (licor de guindas)
desde 1,50 €

Cena en una 'tasca'
15-20 €

Tarrina pequeña de helado artesano 4 €

Menú degustación en restaurante Michelin
desde 190 €

KCKATE16/SHUTTERSTOCK ©

Comunidad LGTBIQ+

Pese a las conquistas en derechos LGTBIQ+, no todo Portugal acepta los avances; pero Lisboa mantiene una actitud bastante liberal.

Barrios LGTBIQ+

Todos los barrios lisboetas son acogedores, pero algunos dan más sensación de seguridad.

Príncipe Real era ya un espacio seguro para la comunidad antes de la democracia, cuando salir del armario era "inmoral" e ilegal, y aún registra una de las mayores concentraciones de bares y clubes LGTBIQ+ de Lisboa.

En el **Bairro Alto** no hace falta ir a bares LGTBIQ+ para sentirse a gusto y pasarlo bien. La tolerancia que distingue al barrio es un legado de Frágil, un bar hoy cerrado que en la década de 1980 dejaba entrar a todo el mundo y donde nadie se reprimía.

En el centro, durante la última década se han abierto en **Graça** varios establecimientos LGTBIQ+ enfocados a todo el espectro de la comunidad *queer*, sin poner etiquetas a su público.

IMPRESCINDIBLES

Clubes LGTBIQ+

Trumps (p. 50) Para gente joven y abierto a todos los colores de la bandera arcoíris.

Finalmente (p. 50) El primer club nocturno gay de Lisboa (desde 1976) congrega a mucha gente con sus espectáculos de drags.

Drama Bar (p. 81) Aquí todo es desmesurado, pero con más diversión que drama.

ARRAIAL LISBOA PRIDE

A fines de junio, la Praça do Comércio se llena de música, artesanía, ferias de arte y comida durante el anual Arraial Lisboa Pride.

NITO/SHUTTERSTOCK ©

LISBOA 'QUEER'

A finales de septiembre, el Cinema São Jorge acoge durante una semana el International Queer Film Festival, con cineastas y artistas independientes que compiten por distintos premios.

Recursos

- **ilga-portugal.pt** La principal organización LGTBIQ+ del país.
- **variacoes.pt** Cámara de Comercio y Turismo LGTBIQ+ portuguesa que relaciona las empresas enfocadas a la comunidad.
- **proudlyportugal.pt** Consejos para viajar a Lisboa y el resto del país.
- **amplos.pt** ONG de padres de miembros de la comunidad LGTBIQ+.

Salud y seguridad

Lisboa es una de las ciudades más seguras del mundo, pero no faltan carteristas y descuideros.

TERREMOTOS Y TSUNAMIS

La actividad sísmica en Lisboa es baja, pero en el 2024, el Ayuntamiento aprobó un plan de evacuación en caso de tsunami sismogénico. Varias señales junto al río indican las zonas de riesgo y las rutas de evacuación. Si se anuncia un tsunami, una sirena resuena en toda la ciudad.

Compra de medicamentos

En una *farmacia* se pueden comprar medicamentos con receta o sin ella, y también pedir consejo para tratar una dolencia (no sustituyen a la asistencia médica). Se identifican con una cruz verde y están reguladas por la Administración. Una *parafarmácia* vende solo medicamentos sin receta, y los empleados carecen de cualificación para asesorar sobre enfermedades. Una *drogaria* vende cosméticos, artículos de aseo y otros muchos productos, pero no medicinas, ni siquiera las que no requieren receta.

Alcohol

Las multas por conducir con más de 0,5 g/L de alcohol en sangre van de 250 a 2500 €.

Asistencia médica

El servicio de urgencias en los hospitales públicos es gratuito, tanto si se tiene seguro como si no. En los privados, los costes varían en función del sistema sanitario o el seguro de salud contratado en el país de origen. La mayoría de los médicos y enfermeras entienden bien el español.

CARTERISTAS

Los carteristas trabajan en las calles de Lisboa -muchas veces en familia- desde hace años; disfrazados de turistas, se mezclan con la gente cubriéndose las manos con bufandas o mapas grandes.

A TENER EN CUENTA

Falsa beneficencia
No dar dinero a voluntarios que solo abordan a los turistas.

Marihuana
Es legal poseer hasta 25 g de cannabis para uso personal y consumo al aire libre.

Transporte público
Validar siempre el billete para evitar multas.

Turismo responsable

Siguiendo estos consejos se reduce la huella de carbono y se apoya a las comunidades y empresas locales.

Zero Waste Lab

La ONG Zero Waste Lab, con sede en Mouraria, apoya los programas de sostenibilidad y a las compañías ecologistas con el objetivo común de alcanzar la neutralidad en carbono en el 2030. Entre sus proyectos más recientes figuran un sistema para reciclar juguetes de plástico (plasticreplay.pt) y el interactivo Mapa Lixo Zero (lisboa lixozero.zerowastelab.pt), que localiza las empresas sostenibles y con gestión comunitaria de Lisboa. Reveste Lisboa organiza talleres para aprovechar prendas usadas y proyecta abrir una tienda de ropa de segunda mano.

Plásticos fuera

Los cafés y restaurantes tienen prohibido por ley el empleo de plásticos de un solo uso. Las bolsas cuestan 0,10 € en todas las tiendas. En el 2024, Lisboa prohibió a los bares las tazas de plástico desechable.

IMPRESCINDIBLE

Tienda social

Dona Ajuda (p. 121) vende gangas, ropa y libros de segunda mano, siempre donados. Los beneficios se destinan a programas sociales.

Mejor en transporte público

Lisboa cuenta con eficaces transportes públicos para llegar a casi todos los lugares de interés. En horas punta entre semana (7.00-9.00 y 17.00-19.00), conviene evitar los abarrotados autobuses y tranvías en distancias cortas para facilitar a los lisboetas la ida y vuelta al trabajo.

RECICLAJE

Los cubos de reciclaje azules son para papel, los amarillos para plásticos y embalajes, y los verdes para vidrio. Los contenedores rojos más pequeños *(pilhão)* se usan para pilas.

Recursos

- **peggada.com** Verifica las empresas ecológicas y sostenibles de Portugal.
- **lisboaparapessoas.pt** Periódico digital e impreso sobre la sostenibilidad y la vida en Lisboa que funciona con donativos.

ZER

Para reducir la contaminación por combustibles fósiles y el tráfico en zonas como Baixa y el centro histórico, el Ayuntamiento estableció dos Zonas de Emissões Reduzidas (ZER). La primera data del 2011 y se ha ido modificando en función de la mejora –o no– de la calidad del aire. En la zona 1, que cubre la Avenida da Liberdade y Baixa, solo pueden circular los vehículos fabricados después del 2000; y en la zona 2, que comprende una parte de las Avenidas Novas y Alcântara, los fabricados después de 1996.

RESTAURANTE SOLIDARIO

É Um Restaurante (p. 123) emplea a personas sin hogar. **CRESCER** *(crescer.org/en)* es la organización social que lo gestiona.

El cambio climático y los viajes

Es imposible ignorar el impacto de los viajes y la importancia de hacer cambios. Lonely Planet anima a todos los viajeros a involucrarse en su huella de carbono. Muchas webs de líneas aéreas y sitios de reservas ofrecen la opción de compensar el impacto de los gases de efecto invernadero realizando donaciones para iniciativas respetuosas con el clima en todo el mundo.

La **calculadora de la huella de carbono de la ONU** muestra el impacto de los vuelos en las emisiones de un hogar.

La **calculadora de emisiones de carbono de la OACI** permite determinar el CO2 generado por un viaje en avión.

Accesibilidad

Transporte público

Los históricos tranvías son demasiado estrechos para las sillas de ruedas, y sus altos escalones dificultan las subidas y bajadas a las personas con movilidad reducida. Todas las estaciones de metro cuentan con ascensores, pero a menudo están "temporalmente" averiados. La web de Metropolitano de Lisboa (metrolisboa.pt/en) aporta información actualizada sobre su estado.

Obstáculos urbanos

Las personas con movilidad reducida o discapacidad visual se enfrentan en Lisboa a dificultades que van desde adoquines resbaladizos y aceras estrechas con irregularidades hasta coches mal aparcados que obligan a bajar a la calzada para sortearlos.

ALOJAMIENTO

Los hoteles grandes y de cadenas suelen ofrecer habitaciones adaptadas para personas con discapacidad. En albergues, pensiones pequeñas y apartamentos turísticos (sobre todo en edificios antiguos del centro histórico), es más difícil encontrar alojamiento accesible.

Viajeros en solitario

Lisboa es una ciudad segura para quienes viajan solos. Entre semana, y después del horario de oficinas, conviene evitar barrios como Marquês de Pombal, Saldanha y Rato, porque se vacían y pueden transmitir sensación de inseguridad.

IMPRESCINDIBLE

El **Museu do Dinheiro** (p. 60), en una antigua iglesia, ofrece una experiencia altamente positiva a los viajeros con discapacidad. Los usuarios de sillas de ruedas acceden por una rampa con poca pendiente, y los ascensores comunican las distintas plantas. Las personas con discapacidad visual o visión reducida pueden acceder a réplicas y modelos táctiles. Todas las exposiciones interactivas están en portugués e inglés. Los circuitos guiados en lenguaje de signos solo se ofrecen en portugués (LGP, Língua Gestual Portuguesa), pero con traducción al inglés de todo el material informativo.

CAJEROS Y PAGOS CON TARJETA

No todos los cajeros automáticos son de fácil acceso en silla de ruedas. Algunos supermercados y tiendas grandes facilitan datáfonos inalámbricos o los colocan a menor altura para facilitar el acceso.

Recursos

- **tur4all.com** La web de esta ONG trae listas de atracciones, hoteles y restaurantes accesibles basadas en visitas a los lugares en cuestión.

Lo esencial

Horario comercial

Los horarios pueden variar según la estación. Los cafés y restaurantes de propiedad familiar suelen cerrar en agosto por vacaciones y un par de semanas después de Año Nuevo.

Bancos 8.30-15.00 lu-vi

Bares 17.00-2.00

Cafés 7.00-23.00

Oficinas de correos
9.00-18.00 lu-vi; las más pequeñas cierran a veces de 13.00 a 14.00.

Restaurantes 12.00-22.00

Tiendas 10.00-18.00 lu-vi; algunas 10.00-13.00 sa

Supermercados
9.00-21.00

A TENER EN CUENTA

Hora local Hora de Europa occidental (GMT/UTC)

Prefijo nacional
+351

Emergencias 112

Población
505 000 hab.

ELECTRICIDAD
230V/50Hz

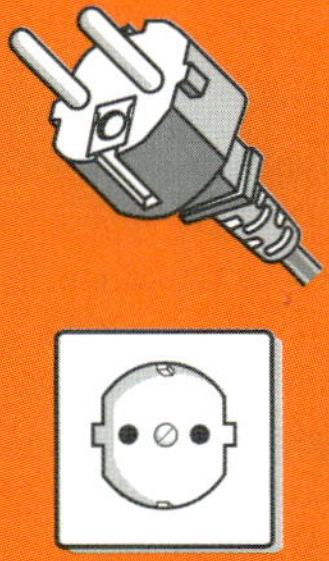

Fiestas oficiales

Las tiendas, bancos y oficinas de correos cierran en los siguientes *feriados:*

Dia de Ano Novo
1 de enero

Páscoa Marzo/abril; Viernes Santo y Domingo de Resurrección

Dia da Liberdade
25 de abril

Dia do Trabalhador
1 de mayo

Dia de Portugal
10 de junio

Assunção 15 de agosto

Implantação da República 5 de octubre

Dia de Todos os Santos
1 de noviembre

Restauração da Independência
1 de diciembre

Imaculada Conceição
8 de diciembre

Dia de Natal
25 de diciembre

Fumar

Está prohibido fumar (también cigarrillos electrónicos) dentro o en el exterior de edificios públicos, escuelas y hospitales, y dentro de las estaciones de metro. Tampoco se permite fumar en bares, restaurantes, cafés (incluidas terrazas exteriores y patios interiores semicerrados) y hoteles, a menos que cuenten con una zona aparte y cerrada para fumadores.

Idioma

Lo básico

Hola.
Olá. *o·la*

Adiós.
Adeus. *a·de·ush*

Sí./No.
Sim./Não.
si^{n}/nau^{n}

Por favor.
Por favor. *pur fa·vor*

Gracias.
Obrigado.
o·bri·ga·du/a

De nada.
De nada. *de·na·da*

Perdone usted (para pedir atención).
Faz favor! *fash fa·vor*

Disculpe (para pedir paso).
Com licença. *kon li·sen·sa*

Lo siento.
Desculpe.
desh·kul·pe

Frases útiles

¿Habla español?
Fala espanhol? *fa·la sh·pa·ñol*

No comprendo.
Não entendo. *nau^{n} e^{n}·te^{n}·du*

Quería...	**Queria...** *ke·ri·a...*
una cerveza.	uma cerveja. *u·ma ser·ve·jha*
un café.	um café. *un ka·fe*
un vino tinto/blanco.	um copo de vinho tinto/branco. *un ko·pu de vi·ñu tin·tu/bran·ku*

La cuenta, por favor.
A conta, por favor. *a ko^{n}·ta pur fa·vor*

¿Cuánto cuesta? **Quanto custa?** *kua^{n}·tu kush·ta*

¿Dónde está el aseo?
Onde é a casa de banho? *o^{n}·de e a ka·za de ba·ñu*

¿Podría hablar más despacio, por favor?
Podia falar mais devagar, por favor?
pu·di·a fa·lar maish de·va·gar pur fa·vor

¿Dónde hay un cajero automático?
Onde há um caixa automático?
o^{n}·de a un kai·sha au·tu·ma·ti·ku

¿Puede darme un recibo, por favor?
Queria um recibo, por favor.
ke·ri·a un je·si·bu pur fa·vor

Números

1	2	3	4	5
um	**dois**	**três**	**quatro**	**cinco**
un	*doish*	*tresh*	*kua·tru*	*sin·ku*

Emergencias

¡Socorro!
Socorro! *su·ko·ju*

¡Lárguese!
Vá-se embora! *va·se en·bo·ra*

¡Llame a...! **Chame...!** *sha·me*
un médico — um médico *un me·di·ku*
la policía — a polícia *a pu·li·sia*

FALSOS AMIGOS
Muchas palabras portuguesas parecen iguales a sus equivalentes en español, pero su significado varía, p. ej., **salsa** se traduce como "perejil", no "salsa" (que en portugués se dice **molho**).

Señalización

Saída Salida
Entrada Entrada
Aberto Abierto
Fechado Cerrado
Casa de Banho Aseos/WC
Mulheres Señoras
Homens Caballeros
Informação Información
(Não) Há Vaga (No hay) Habitaciones libres
Não Fumar Prohibido fumar
Não Fotografar Prohibido fotografiar
Proibido Prohibido

Avisos

Passaporte **Pasaporte** *pa·sa·por·te*
Visto **Visado** *vish·tu*
Posso ajudar? **¿En qué puedo ayudarle?** *po·su a·jhu·dar*
O que deseja? **¿Qué desea?** *u ke de·ze·jha*

COLOQUIALISMOS PORTUGUESES

então Palabra que cambia de significado con cada inflexión de voz; puede ser un sustituto de "hola" *(então?)*, una forma cortés de "¡cuidado!" *(então!)*, o una pausa que se hace antes de explicar algo *(então...)*.

t'fona-me Forma abreviadísima de *telefoname* (llámame).

pá Se traduce como "pan", pero generalmente se usa como interjección con el significado de "tío" o "colega". Dependiendo del contexto, *pá* se usa también en lugar de "aaah..." cuando se está pensando.

tipo Se usa en los mismos contextos en que muchos hablantes de español emplean hoy "en plan...".

6	7	8	9	10
seis *seish*	**sete** *se·te*	**oito** *oi·tu*	**nove** *no·ve*	**dez** *desh*

Índice

Puntos de interés p. 000
Págs. de los planos **p. 000**

Véase también los subíndices:
Comer p. 156
Beber p. 157
Comprar p. 158

Comer

Beber

Comprar